子略

（宋）高似孫 撰

（十）商周[illegible]

子部

目録

目錄

子略序

六經後，以士才藝自聲於戰國秦漢間，往往騁辭立言，成一家法。觀其跌宕古今之變，發揮事物之機，智力足以盡其神，思致足以殫其用。其指心運志，固不能盡宗於經，而經緯表裏，亦有不能盡忘乎經者。使之純乎道，昌乎世，豈不可馳騁規畫，鋾錚事功，而與《典》《謨》《風》《雅》並傳乎？所逢如此，所施又如此，終亦六六與群言如一，百氏同流，可不嗟且措哉！嗚呼，仲尼皇皇，孟子切切，猶不克如臯夔，如伊、吕、周、召，况他乎？至若荀况、揚雄氏，王通、韓愈氏，是學孔孟者也，又不可與諸子同日語。或知此意，則一言可以明道。藝究訏謨，可以立身養性，致廣大，盡高明，可以著書立言，丹青金石，垂訓乎後世。顧所擇如何耳，審哉審哉。乃系以諸子之學，必有因其學而决其傳，存其流而辨其術者，斯可以通名家、究指歸矣。作《子略》。

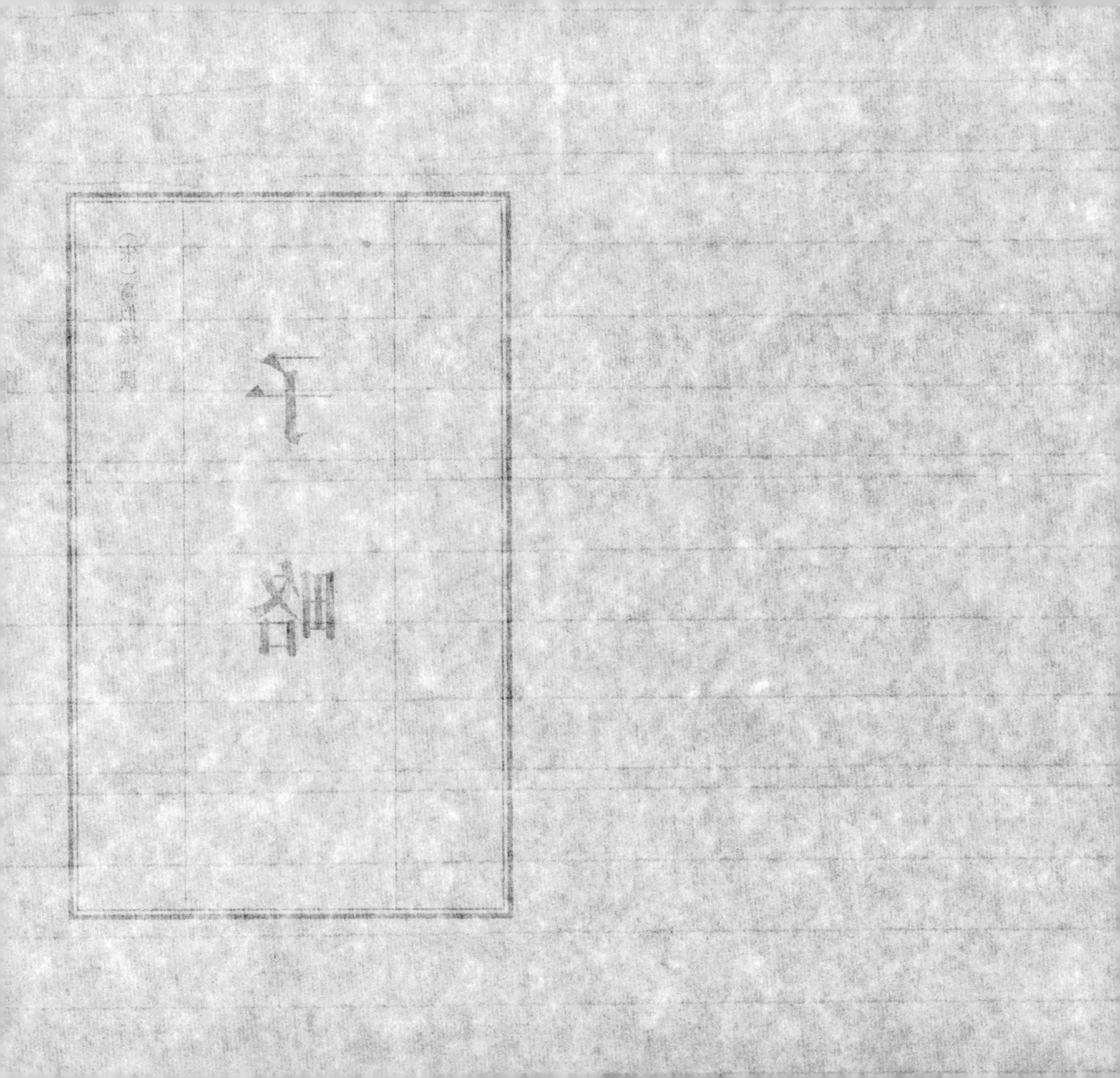

子略目卷一

漢書藝文志

史稱劉氏《七略》剖判藝文，總百家之緒，每一書已，輒條其篇目，撮其指意，録而奏之。自書灾於秦，文字掃蕩，斷章脱簡，不絶如綫。上天禄、石渠、麒麟閣者，曾不一二。又雜以漢儒記臆綴續之言，書益蕪駁。枚數《諸子略》所鈔，則所謂建藏書之策者，不過是耳。天不椓喪，猶有可傳者。而後世乃復與之疏闊，鮮克是訂，而書益窮矣。採劉氏《略》作《子略》。

《晏子》八篇。名嬰，謚平仲，相齊景公，孔子稱善與人交，有《列傳》。師古曰：「有《列傳》者，謂《太史公書》。」

《子思》二十三篇。名伋，孔子孫，爲魯繆公師。

《曾子》十八篇。名參，孔子弟子。

《漆雕子》十三篇。孔子弟子漆雕啓後。

《宓子》十六篇。名不齊，字子賤，孔子弟子。師古曰：「宓讀與伏同。」

《景子》三篇。説宓子語，似其弟子。

《世子》二十四篇。名碩，陳人也，七十子之弟子。

《魏文侯》六篇。

《李克》七篇。子夏弟子，爲魏文侯相。

《公孫尼子》二十八篇。七十子之弟子。

《孟子》十一篇。名軻，鄒人，子思弟子，有《列傳》。師古曰：「《聖證論》云軻字子車，而此志無字，未詳其所得。」

《孫卿子》三十三篇。名况，趙人，爲齊稷下祭酒，有《列傳》。師古曰：「本曰荀卿，避宣帝諱，故曰孫。」

《芊子》十八篇。名嬰，齊人也，七十二子之後。師古曰：「芊音弭。」

《内業》十五篇。不知作書者。

《周史六弢》六篇。惠襄之間，或曰顯王時，或曰孔子問焉。師古曰：「即今之《六韜》也，蓋言取天下及軍旅之事。弢字與叨同也。」

《周政》六篇。周時法度政教。

《周法》九篇。法天地，立百官。

《河間周制》十八篇。似河間獻王所述也。

《讕言》十篇。不知作者，陳人君法度。如淳曰：「讕音粲爛。」師古曰：「説者引《孔子家語》云孔穿所造，非也。」

《功議》四篇。不知作者，論功德事。

《甯越》一篇。中牟人，爲周威王師。

《王孫子》一篇。一曰《巧心》。

《公孫固》一篇，十八章。齊閔王失國，問之，固因爲陳古今成敗也。

《李氏春秋》二篇。

《羊子》四篇，百章。故秦博士。

《董子》一篇。名無心，難墨子。

《俟子》一篇。李奇曰：「或作《侔子》。」

《徐子》四十二篇。宋外黄人。

《魯仲連子》十四篇。有《列傳》。

《平原老》七篇。朱建也。宋祁曰：「老一作君。」

《虞氏春秋》十五篇。虞卿也。

《高祖傳》十三篇。高祖與大臣述古語及詔策也。

《孝文傳》十一篇。文帝所稱及詔策。

《陸賈》二十三篇。

《劉敬》三篇。

《賈山》八篇。

《太常蓼侯孔臧》十篇。父聚，高祖時以功臣封，臧嗣爵。

《賈誼》五十八篇。

《河間獻王》三篇。

《董仲舒》百二十三篇。

《兒寬》九篇。

《公孫弘》十篇。

《終軍》八篇。

《吾丘壽王》六篇。

《虞丘説》一篇。難孫卿也。

《莊助》四篇。

《臣彭》四篇。

《鈎盾宂從李步昌》八篇。宣帝時數言事。宋祁曰：「宂當作冗。」

《儒家言》十八篇。不知作者。

桓寬《鹽鐵論》六十篇。師古曰：「寬字次公，汝南人也。孝昭帝時，丞相、御史與諸賢良文學論鹽鐵事，寬撰次之。」

《劉向所序》六十七篇。《新序》《説苑》《世説》《列女傳頌圖》也。

《揚雄所序》三十八篇。《太玄》十九，《法言》十三，《樂》四，《箴》二。

《伊尹》五十一篇。湯相。

《太公》二百三十七篇。吕望爲周師尚父，本有道者。或有近世又以爲太公術者所增加也。師古曰：「父讀曰甫也。」

《謀》八十一篇。

《言》七十一篇。

《兵》八十五篇。

《辛甲》二十九篇。紂臣，七十五諫而去，周封之。

《鬻子》二十二篇。名熊，爲周師，自文王以下問焉，周封爲楚祖。師古曰：『鬻音弋六反。』

《筦子》八十六篇。名夷吾，相齊桓公，九合諸侯，不以兵車也，有《列傳》。師古曰：『筦讀與管同。』

《老子鄰氏經傳》四篇。姓李，名耳，鄰氏傳其學。

《老子傅氏經說》三十七篇。述老子學。

《老子徐氏經說》六篇。字少季，臨淮人，傳《老子》。

《劉向說老子》四篇。

《文子》九篇。老子弟子，與孔子並時，而稱周平王問，似依托者也。

《蜎子》十三篇。名淵，楚人，老子弟子。師古曰：『蜎，姓也，音一元反。』

《關尹子》九篇。名喜，爲關吏，老子過關，喜去吏而從之。

《莊子》五十二篇。名周，宋人。

《列子》八篇。名圄寇，先莊子，莊子稱之。

《老成子》十八篇。

《長盧子》九篇。楚人。

《王狄子》一篇。

《公子牟》四篇。魏之公子也，先莊子，莊子稱之。

《田子》二十五篇。名駢，齊人，游稷下，號天口駢。師古曰：『駢音步田反。』

《老萊子》十六篇。楚人，與孔子同時。

《黔婁子》四篇。齊隱士，守道不詘，威王下之。師古曰：『黔音其炎反。下音胡稼反。』

《宮孫子》二篇。師古曰：『宮孫，姓也，不知名。』

《鶡冠子》一篇。楚人，居深山，以鶡爲冠。師古白：『以鶡鳥羽爲冠。』

《周訓》十四篇。師古曰：『劉向《別録》云人間小書，其言俗薄。』

《黃帝四經》四篇。

《黃帝銘》六篇。

《黃帝君臣》十篇。起六國時，與《老子》相似也。

《雜黃帝》五十八篇。六國時賢者所作。

《力牧》二十二篇，六國時所作，托之力牧。力牧，黃帝相。

《孫子》十六篇。六國時。

《捷子》二篇。齊人，武帝時說。

《楚子》三篇。

《鄒子》四十九篇。名衍，齊人，爲燕昭王師，居稷下，號談天衍。

《容成子》十四篇。

《張蒼》十六篇。丞相、北平侯。

《李子》三十二篇。名悝，相魏文侯，富國强兵。

《商君》二十九篇。名鞅，姬姓，衛後也，相秦孝公，有《列傳》。

《申子》六篇。名不害，京人，相韓昭侯，終其身諸侯不敢侵韓。師古曰：『京，河南京縣。』

《處子》九篇。師古曰：『《史記》云趙有處子。』

《慎子》四十二篇。名到，先申、韓，申、韓稱之。

《韓子》五十五篇。名非，韓諸公子，使秦，李斯害而殺之。

《游棣子》一篇。師古曰：『棣音徒計反。』

《晁錯》三十一篇。

《鄧析》二篇。鄭人，與子産並時。師古曰：『《列子》及《孫卿》並云子産殺鄧析。據《左傳》昭公二十年子産卒，定公九年駟歂殺鄧析而用其竹刑，則非子産所殺也。』

《尹文子》一篇。説齊宣王，先公孫龍。師古曰：『劉向云與宋鈃俱游稷下。鈃音形。』

《公孫龍子》十四篇。趙人。師古曰：『即爲堅白之辨者。』

《惠子》一篇。名施，與莊子並時。

《田俅子》三篇。先韓子。蘇林曰：『俅音仇。』

《我子》一篇。師古曰：『劉向《别録》云爲《墨子》之學。』

《隨巢子》六篇。墨翟弟子。

《胡非子》三篇。墨翟弟子。

《墨子》七十一篇。名翟，爲宋大夫，在孔子後。

《蘇子》三十一篇。名秦，有《列傳》。

《張子》十篇。名儀，有《列傳》。

《闕子》一篇。

《國筮子》十七篇。

《鄒陽》七篇。

《主父偃》二十八篇。

《徐樂》一篇。

《孔甲盤盂》二十六篇。黄帝之史，或曰夏帝孔甲，似皆非。

《大⿱亼巾》三十七篇。傳言禹所作，其文似後世語。師古曰：『⿱亼巾，古禹字。』宋祁曰：『一作禽。』

《五子胥》八篇。名員，春秋時爲吴將，忠直，遇讒死。

《子晚子》三十五篇。齊人，好議兵，與《司馬法》相似。

《蒯子》五篇。名通。

《由余》三篇。戎人，秦穆公聘以爲大夫。

《尉繚》二十九篇。六國時。師古曰：『尉，姓；繚，名也，音了，又音聊。劉向《别録》云繚爲商君學。』

《尸子》二十篇。名佼，魯人，秦相商君師之。鞅死，佼逃入蜀。師古曰：『佼音絞。』

《吕氏春秋》二十六篇。秦相吕不韋輯智略士作。

《淮南内》二十一篇。王安。

《淮南外》三十三篇。師古曰：『《内篇》論道，《外篇》雜説。』宋祁曰：『雜，邵本作新。』

《東方朔》二十篇。

《荆軻論》五篇。軻爲燕刺秦王，不成而死，司馬相如等論之。

《吴子》一篇。

《公孫尼》一篇。

《伊尹説》二十七篇。其語淺薄，似依托也。

《鬻子説》十九篇。後世所加。

《周考》七十六篇。考周事也。

《青史子》五十七篇。古史官記事也。

《師曠》六篇。見《春秋》，其言淺薄，本與此同，似因托也。

《務成子》十一篇。稱堯問，非古語。

《宋子》十八篇。孫卿道宋子，其言黄老意。

子部

[illegible]

隋書經籍志

隋代群書，始開皇三年，牛弘表請搜訪，於是异書間出。平陳後，經籍稍該，召工書者於秘書補續殘闕，爲正副本，一藏宮中，一入秘府。煬帝立，別録副本，分三品：上軸紅琉璃，中紺琉璃，下用漆，東都及觀文殿藏焉。又聚魏以來古迹名繪於二閣，此爲奇矣。而唐舟沉於砥柱，存不一二，爲之嗟惜。《隋志》之作，盡出瀛洲學士之手，可謂極一時史筆之妙。而《志》甚淆雜，乏詮彙之工，因爲輯之，難哉。

《晏子春秋》七卷。齊大夫晏嬰撰。

《曾子》二卷，目一卷。魯國曾參撰。

《子思子》七卷。魯穆公師孔伋撰。

《公孫尼子》一卷。尼，似孔子弟子。

《孟子》十四卷。齊卿孟軻撰。趙岐注。鄭玄注七卷。劉熙注七卷。綦毋邃注，亡。

《孫卿子》十二卷。楚蘭陵令荀況撰。梁有《王孫子》一卷，亡。

《董子》一卷。戰國時董無心撰。

《魯連子》五卷，録一卷。魯連，齊人，不仕，稱爲先生。

《賈子》一卷。漢梁太傅賈誼撰。十卷《録》。

《揚子法言》十五卷。揚雄撰。李軌注六卷。宋東注十三卷。侯苞注，亡。

《揚子太玄經》十卷。揚雄自作章句，亡。宋東注九卷。王肅注，亡。陸績、宋衷注十卷。虞翻注十三卷。蔡文邵注十四卷。陸凱注七卷。

《桓子新論》十七卷。後漢六安丞桓譚撰。

《魏子》三卷。後漢會稽人魏朗撰。

《牟子》二卷。後漢太尉牟融撰。

《典論》五卷。魏文帝撰。

《新語》二卷。陸賈撰。

《新序》三十卷。劉向撰。

《潛夫論》十卷。王符撰。

《申鑒》五卷。荀悅撰。

《徐氏中論》六卷。魏太子文學徐幹撰。

《王子正論》十卷。王肅撰。

《杜恕體論》四卷。魏幽州刺史杜恕撰。

《顧子新語》十二卷。吴太常顧譚撰。

《譙子法訓》八卷。譙周撰。

《袁子正論》十九卷。袁準撰。

《新論》十卷。晉散騎常侍夏侯湛撰。

《志林新書》三十卷。虞喜撰。梁有《廣林》二十四卷，又《後林》十卷，虞喜撰。

《要覽》十卷。晉郡儒林祭酒吕竦撰。

《鬻子》周文王師鬻熊撰。一卷。

《老子》河上丈人注二卷。張嗣注二卷。蜀才注，亡。鍾會注二卷。羊祜注二卷。王尚述注二卷。邯鄲氏注二卷。劉仲融注二卷。巨生注二卷。袁真注二卷。張憑注二卷。釋惠琳注二卷。盧景裕注二卷。梁曠注二卷。嚴遵《指歸》十一卷。毋丘望之《指趣》三卷。顧歡《義綱》一卷。孟智周《義疏》五卷。韋處玄《義疏》四卷。梁武帝《講疏》六卷。戴詵《義疏》九卷。何晏《序訣》一卷。葛仙翁《雜論》一卷。何、王等《私記》十卷。梁簡文帝《玄示》一卷。韓壯《玄譜》一卷。劉遺民《玄機》三卷。宗塞《幽易》五卷。山琮《志》一卷，並亡。孫登《音》一卷。李軌《音》一卷。戴逵《音》，亡。

《鶡冠子》三卷。楚之隱人。

《列子》鄭之隱人列圄寇撰。八卷。東晉光禄勛張湛注。

《莊子》李叔之《義疏》，亡。周弘正《講疏》八卷。郭象注三十卷。李頤注十八卷。梁簡文《講疏》十卷。張機《講疏》二卷。戴詵《義疏》八卷。梁曠《南華論》二十五卷。李軌《音》一卷。徐邈《音》三卷。又徐邈《集音》三卷。郭象《音》一卷。向秀《音》一卷。梁曠《音》三卷。

《莊成子》十二卷。梁有《蹇子》一卷，今亡。

《任子》十卷。魏河東太守任嘏撰。梁有《渾輿經》一卷，魏安成令桓威撰，亡。

《唐子》十卷。吴唐滂撰。

《抱朴子》葛洪撰。《外》《内》篇共五十一卷。

《孫子》十二卷。孫綽撰。

《符子》二十卷。東晉員外郎符朗撰。

《廣成子》十三卷。商洛公撰。張太衡注，疑近人作。

《管子》十九卷。齊相管夷吾撰。

《商君書》五卷。秦相衛鞅撰。

《慎子》十卷。慎到撰。

《韓子》二十卷。韓非撰。

《墨子》十五卷。宋大夫墨翟撰。

《隨巢子》一卷。巢，似墨翟弟子。

《昌言》十二卷。仲長統撰。

《蔣子萬機論》八卷。蔣濟撰。

《胡非子》一卷。墨翟弟子。

《尸子》二十卷。尸佼撰。

《吕氏春秋》二十六卷。吕不韋撰。

《淮南子》二十一卷。王劉安撰。

《論衡》三十九卷。王充撰。

《風俗通易》三十一卷。應劭撰。

《傅子》一百二十卷。傅玄撰。

《鬼谷子》三卷。皇甫謐注，又有樂注三卷。《占氣》一卷。

《金樓子》十卷。梁元帝撰。

《子抄》三十卷。庾仲容撰。沈約二十卷，亡。

《燕丹子》一卷。

《世説》八卷。宋劉義慶撰。梁劉孝標注。

《亢桑子》二卷。天寶元年，詔《莊子》爲《南華真經》，《列子》爲《沖虚真經》，《文子》爲《通玄真經》。然《亢桑子》求之不獲，襄陽處士王士元謂《莊子》作『庚桑子』，太史公、《列子》作

『亢倉子』，其實一也。取諸子文義類者補其亡。

《牟子》一卷。牟融撰。

《太公六韜》五卷。

《太公金匱》二卷。

《司馬兵法》齊將田穰苴。三卷。

《孫子》三卷。

《尉繚子》五卷。梁惠王時人。

唐書藝文志

唐因漢《略》，類經、史、子、集爲四，至開元尤盛，凡五萬四千卷，唐學者自爲書二萬八千五百卷。初，隋嘉則殿書卷三十七萬，太府卿宋遵貴運入京，覆於砥柱。貞觀中，魏徵、虞世南、顔師古繼爲秘書監，請構書，選五品以上子孫工書者書，藏於内，以宫人掌之。宫人任籤帙之責，繆矣。玄宗詔馬懷素、褚無量整比於乾元殿東序，請相宋璟、蘇頲同署，如貞觀故事。後大明宫、東都各創集賢書院，學士通籍，支月給蜀郡麻紙，季給上谷墨，歲給河間、景城、清河、博平四郡兔千五百皮爲筆材。各聚四部，本有正副，軸帶帙籤亦异色。安禄山反，尺簡不藏。元載相奏以錢一千購一卷。文宗時，侍講鄭覃言經籍未備，詔秘閣搜訪，乃復完。黄巢亂，又益少。昭宗播遷，在京制置使孫惟晟斂書，寓教坊於秘閣，詔以書還，既徙洛，蕩無遺矣。今稽《藝文志》，殊虧詮叙，書之涉於瑣瑣，有不可以入子類者，合分别録，若不可淆錯如此也，裁之。

《晏子春秋》七卷。晏嬰。

《曾子》二卷。曾參。

《子思子》七卷。孔伋。

《公孫尼子》一卷。

《孟子》十四卷。趙岐注十四卷。鄭玄注七卷。劉熙注七卷。綦毋邃注七卷。陸善經注七卷。張鎰《音義》三卷。

《荀卿子》十二卷。楊倞注二十卷。

《董子》一卷。董無心。

《魯連子》一卷。魯仲連。

陸賈《新語》一卷。

賈誼《新書》一卷。　桓寬《鹽鐵論》十卷。

劉向《新序》三十卷。　劉向《説苑》三十卷。

《揚子法言》六卷。揚雄。宋衷注十卷。李軌注十卷。柳宗元注十三卷。

《揚子太玄經》十二卷。陸績注十二卷。虞翻注十四卷。范望注十二卷。宋仲孚注十二卷。蔡文邵注十二卷。王涯注六卷。劉緝注十四卷。負俶曲《贊》十卷。

《桓子新論》十七卷。桓譚。　王符《潛夫論》十卷。

《仲長子昌言》十卷。仲長統。　荀悦《申鑒》五卷。

魏文帝《典論》五卷。　《徐氏中論》六卷。徐幹。

王肅《政論》十卷。　《杜氏體論》四卷。杜恕。

《顧子新論》五卷。顧譚。　《譙子法訓》八卷。譙周。

王嬰《通論》三卷。　夏侯湛《新論》十卷。

楊泉《物理論》十六卷。　王通《中説》五卷。

華譚《新論》十卷。　虞喜《志林》三十卷。又《後書》十卷。

《顧子義訓》十卷。顧夷。　干寶《正言》十卷。又《立言》十卷。

王劭《讀書記》三十二卷。　盧辯《墳典》三十卷。

《魏子》三卷。魏朗。　《譙子》五卷。譙周。

《周生烈子》五卷。　《袁子正書》三十五卷。袁準。

《崔子至言》六卷。崔靈童。　杜信《元和子》二卷。

《鬻子》一卷。鬻熊。馮行珪注。

《老子》河上公注二卷。王弼注二卷，又《指例》二卷。蜀才注二卷。鍾會注二卷。羊祜注二卷。孫登注二卷。王尚注二卷。袁真注二卷。張憑注二卷。劉仲融注二卷。陶弘景注四卷。鍾樹山注二卷。李允愿注二卷。陳嗣古注二卷。僧惠琳注二卷。惠嚴注二卷。鳩摩羅什注二卷。義盈注二卷。傅奕注二卷。楊上善注二卷，辟閭仁諝注二卷。玄宗注二卷。盧藏用注二卷。邢南和注二卷。馮朝隱注，白履忠注，李播注，尹知章注，並亡。吴善經注二卷。成玄英注二卷。孫思邈注二卷。任真子《集解》四卷。張道相《集注》四卷。盧景裕等注二卷。丘望之《章句》二卷。王肅《玄言》二卷。梁曠《經品》四卷。嚴遵《指歸》十四卷。何晏《講疏》四卷。梁武帝《講疏》十卷。顧歡《義疏》五卷。孟智周《義疏》五卷。戴詵《義疏》六卷。葛洪《序訣》二卷。韓莊《玄音》二卷。劉遺民《玄譜》一卷。馮廓《指歸》十三卷。賈大隱《述義》十卷。陳庭玉《疏》十五卷。陸希

聲《經傳》四卷。成玄英《疏》七卷。李軌《音》一卷。

《鶡冠子》三卷。　《列子》八卷。列禦寇。張湛注。

《莊子》十卷。郭象注十卷。劉向注二十卷。崔撰注十卷。司馬彪注二十一卷,《音》一卷。楊上善注十卷。陸德明《文句義》十卷。李頤《集解》二十卷。王玄古《集解》二十卷。李充《釋論》二卷。梁簡文《講疏》三十卷。王穆《疏》十七卷,音一卷。成玄英《注疏》十四卷。張隱居《指要》三十三卷。元載《通微》十卷。孫思邈注,柳縱注,尹知章注,甘暉注,魏包注,李含光注,陳庭玉《疏》,並亡。

《廣成子》十二卷。商洛公撰。張太衡注。　《文子》十二卷。徐靈府注。

《唐子》十卷。唐滂。　《蘇子》七卷。蘇彥。

《宣子》二卷。宣騁。　《陸子》十卷。陸雲。

《抱朴子》四十卷。葛洪。　《孫子》十三卷。孫綽。

《符子》三十卷。符朗。　《賀子》十卷。賀道養。

《亢倉子》二卷。天寶元年,詔號《莊子》爲《南華真經》,《列子》爲《沖虛真經》,《文子》爲《通玄真經》,《亢桑子》爲《洞靈真經》。然「亢桑子」太史公《列子》作「亢倉子」,其實一也。取諸子文義類者補其亡。

子略

《牟子》一卷。牟融。　《尉繚子》六卷。

《吕氏春秋》二十六卷。　《淮南子》二十一卷。許慎注。

王充《論衡》三十卷。　應劭《風俗通義》三十卷。

王肅《政論》十卷。　鍾會《芻蕘論》五卷。

《傅子》百二十卷。傅玄。　《抱朴子》二十卷。

《金樓子》梁元帝。　陸士衡《要覽》三卷。

崔豹《古今注》三卷。　孟儀《子林》二十卷。

薛克構《子林》三卷。　沈約《子鈔》三十卷。

庾仲容《子鈔》十卷。　《范子計然》十五卷。

王方慶《世説》十卷。　盧藏用《子書要略》一卷。

馬總《意林》三卷。　《燕丹子》一卷。

《周書陰符》九卷。　《周吕書》一卷。

《司馬法》田穰苴。二卷。　《孫子》三卷。魏文帝注。

《唐志》有陸景《典訓》、《譙子法訓》、周捨《正覽》、劉徽《欹器圖》之類，非合登子録。又《帝範》《臣軌》《政範》《諫苑》之書，尤非其類，如此者數十家，裁之。

子鈔 梁諸議參軍庾仲容，潁川人

《子鈔》百十有七家，仲容所取或數句，或一二百言，是有以契其意、入其用，而他人不可共享者也。馬揔《意林》一遵庾目，多者十餘句，少者一二言，比《子鈔》更爲取之嚴、録之精且約也。戴叔倫序其書曰：『上以防守教之失，中以補比事之闕，下以佐屬文之緒。有疏通廣博潔凈符信之要，無僻放拘刻譤蔽邪蕩之患。』亦足以發其機、寫其志矣。

孔子曰：『雖小道，亦有可觀。』是於諸子未嘗廢也。聖人既遠，承學易殊，義嚮之少純，言議之多詭，則百氏之爲家，不能盡葉乎一，亦理之所必然也。當篇籍散闕，人所未見之時，而乃先識其名，又得其語，斯足以廣聞見、助發揮，何止嘗鼎臠、啖鷄蹠也？陸機氏曰：『傾群言之瀝液，漱六藝之芳潤，唐韋展《日月如合璧賦》云：『獵英華於百氏，漱芳潤於六籍。』語自此來。是庶幾焉。』揔，唐貞元中任評事，字會元，扶風人。

《鬻子》《藝文志》曰：『名熊，著《子》十二篇。』今一卷，有六篇。　《太公金匱》二卷。

《太公六韜》六卷。　《曾子》合十八卷。

《晏子》十四卷。　《子思子》七卷。

《孟子》十四卷。　《管子》十八卷。

《魯連子》五卷。　《文子》十二卷。周平王時人，師老子。

《黄石公記》三卷，上下中略。　《氾勝之書》二卷。

《夢書》十五卷。　《貝書》十卷。

《淮南萬畢術》一卷。　《九章筭術》三卷。

張華《博物志》十卷。　戴凱之《竹譜》一卷。

《筆墨法》

通志藝文略　樞密院編修官莆田鄭譙漁仲撰

本朝藏書家最稱參政蘇公、宣獻宋公、文忠歐陽公，又稱丞相蘇公、丞相宋公兄弟，而尤盛於邯鄲李氏，李氏其目足以與秘府敵。中興以來，垂意收拾，篤且富無如鄭氏。雖曰包括諸氏，囊括百家，厥功甚茂，然秩翦繁歸彙，亦欠理擇，是又失於患多者也。似孫嘗閲天禄、石渠書，無古書，一也；無异書，二也；雜以今人所作，蕪雜太甚，三也。而又考訂欠精，彙類欠確，一也；所合下詔更加求訪，一也；其書無秘副，每出外輒易毁失，一也。當必有能任其事者。既採鄭氏目入予《子略》，爲之太息。

子略

《晏子春秋》七卷。齊大夫晏嬰。　《曾子》二卷。魯國曾參。

《子思子》七卷。魯穆公師孔伋。　《漆雕子》十三篇。漆雕開後。

《宓子》十六篇。孔子弟子宓不齊。　《世子》名碩，陳人，七十子之弟子。二十一篇。

《公孫尼子》一卷。七十子弟子。

《孟子》十四篇。齊卿孟軻。趙岐注。鄭玄注七卷。劉熙注七卷。綦毋邃注七卷。陸善經注七卷。張鎰《音》二卷。孫奭《音》二卷。

《續孟子》二卷。唐林慎思撰。　《删孟子》一卷。馮休撰。

《荀卿子》十二卷。楚蘭陵令荀况。楊倞注三卷。　《芊子》十八篇。齊人芊嬰，七十子之後。

《王孫子》一卷。　《羊子》四篇。秦博士羊百章撰。

《徐子》四十二篇。宋外黃人。
《魯仲連子》五卷。齊人魯連，不仕，稱先生。
《賈子》十卷。漢梁太傅賈誼撰。
《秦子》三卷。
《何子》五卷。
《劉子》三卷。梁劉勰撰。
《揚子法言》《解》一卷。揚雄撰。李軌注十五卷。宋東注十卷。柳宗元注十三卷。司馬光集注十卷。侯苞注六卷。
《桓子新論》十七卷。後漢六安丞桓譚撰。
《魏子》二卷。後漢會稽人魏朗撰。
《牟子》二卷。後漢太尉牟融撰。
《王子政論》十卷。王肅撰。
《顧子新語》十二卷。吴太常顧譚撰。
《譙子法訓》八卷。譙周撰。
《譙子五教志》五卷。
《周生烈子》五卷。
《袁子正論》二十卷。袁準撰。
《袁子正語》二十五卷。
《顧子義訓》十卷。晋揚州主簿顧夷撰。
《崔子至言》六卷。
《賈子》一卷。
《元子》十卷。元結撰。

《元和子》二卷。杜信撰。
《仲蒙子》三卷。唐林慎思撰。
《冀子》五卷。
《傅子》五卷。唐司隸校尉傅元撰。舊有百二十卷。
《鰔子》一卷。趙鄰幾撰。
《素履子》一卷。張弧撰。
《東莞子》十卷。
《商子新書》三卷。商孝逸撰。
《孫綽子》十卷。
《樊子》三十卷。樊宗師撰。
《老子》古本二卷。河上公注二卷。河上丈人注二卷。毋丘望之注二卷，又《章句》二卷。嚴遵注二卷，《指趣》二卷，又《指歸》十一卷。鍾會注二卷，又《解釋》四卷。羊祜注二卷。蜀才注二卷。孫登注二卷。汪尚注二卷，又《音》一卷。劉仲融注二卷。袁真注二卷。曹道冲注二卷。張憑注二卷。盧景裕注二卷。陶弘景注二卷。鍾樹山注二卷。陳皋注二卷。李允愿注二卷。陳嗣古注二卷。僧惠嚴注二卷。僧惠琳注二卷。鳩摩羅什注二卷。僧義盈注二卷。偃松子注二卷。梁曠等注四卷。李納注四卷。道士李榮注三卷。唐明皇注二卷。辟閭仁諝注二卷。傅奕注二卷。吴善經注一卷。楊上善注二卷。成玄英注一卷。盧藏用注二卷。李軌《疏》一卷。李若愚注一卷。戴逵《疏》一卷。孟智周《疏》一卷。戴詵《疏》一卷。韋處玄《疏》一卷。趙至堅《疏》一卷。江徵《疏》二卷。王顧等《疏》二卷。賈青夷《疏》四卷。梁武帝《疏》八卷。何晏《疏》四卷，又《講疏》四卷。《政和御解》二卷。任貞子《集注》四卷。程韶《集注》二卷。張道相《集注》四卷。顧歡《義疏》一卷，又《義綱》一卷，又《章門》一卷。王弼《節解》二卷，《指例略》二卷。韓莊《指略》二卷。賈大隱《述義》十卷，又《元指》八卷。元景先生《簡要義》五卷。賈善翊《傳》三卷。崔少元《心鏡》一卷。《吕氏昌言》二卷。王守愚《注心鏡》一卷。李畋《音解》二卷。

《莊子》郭象注十卷。向秀注二十卷。崔撰注十卷。司馬彪注十六卷，《音》一卷。晉李頤注三十卷，又《疏》三卷。孟氏注十八卷。楊上善注十卷。道士文如晦注十卷。盧藏用注十二卷。道士成玄英注三十卷，又《疏》十二卷。四家注十五卷。張昭《補注》十卷。徐邈《疏》三卷。戴詵《疏》八卷，又《疏》十卷。周宏正《講疏》八卷。李叔之《義疏》三卷。梁簡文帝《講疏》三十卷。王穆《疏》三卷。張機《疏》二卷，又《內音義》一卷，《外音義》一卷。陸德明《句義》三十八卷。馮廓《正義》十卷，又《句義》二十卷。張隱居《指要》三十六篇。陳景朝《內要》一卷。李充《論》二卷，又《餘事》一卷。賈參廖《統略》三卷，又《通真論》三卷。李頤《集解》二十卷。邈一卷。王玄古《集解》二十卷。賈善翔《直音》一卷。

《鬻子》一卷。周文王師楚人鬻熊。唐鄭縣尉逢行珪注。王觀注三卷。

《列子》八卷。鄭穆公時隱者列禦寇。唐加『衝虛真經』，本朝加『至德』。晉張湛注八卷。孫鶚注八卷。盧重光注八卷。《政和御注》八卷。《統略》一卷。《指歸》一卷。《釋文》一卷。《音義》一卷。

《文子》十二卷。老子弟子。李暹《訓注》十二卷。朱弁注十二卷。徐靈府《注音》一卷。《統略》一卷。《家語要言》一卷。

《鶡冠子》三卷。楚之隱人。

《莊成子》十二卷。

《蹇子》一卷。

《唐子》十卷。吴唐滂撰。

《蘇子》十卷。晉北中郎參軍蘇彦撰

《宣子》二卷。晉宜城令宣聘撰。

《陸子》十卷。陸雲撰。

《幽求子》二十卷。杜英撰。

《抱朴子》葛洪撰。《內篇》二十卷，《外篇》三十卷。

《符子》二十卷。東晉員外郎符明撰。

《賀子》十卷。宋太學博士賀道養撰。

《少子》五卷。齊司徒左長史張融撰。

《無名子》一卷。張太衡撰。

《元子》五卷。

《廣成子》十三卷。商洛撰。張太衡注。何璨注三卷。

《亢倉子》三卷。老聃之徒庚桑楚撰。王士元注。《音略》一卷。

《無能子》三卷。唐光啓中隱者，不得名氏。

《同光子》八卷。劉無待撰。

《元真子》三卷。張志和撰。

《達觀子》一卷。

《净注子》二十卷。蕭子良撰。

《天隱子》一卷。

《元中子》三卷。杜登暉撰。

《元筌子》一卷。珞琭子撰。

《素履子》一卷。

《任子道論》一卷。魏河東太守任嘏撰。

《赤松子》一卷。陳摶撰。

《管子》十八卷。齊相夷吾撰。漢劉向録校，唐尹知章注。舊有三十卷，今存十九卷。房玄齡注二十一卷。

子略

《慎子》一卷。戰國時處士慎到撰。舊有十卷，漢有四十二篇，隋唐分爲十卷，今亡九卷三十七篇。
《韓子》二十卷。韓非撰。唐有尹知章注，今亡。
《阮子政論》五卷。魏清凉太守阮武撰。
《陳子要言》十四卷。吴豫章太守陳融撰。
《鄧析子》一卷。戰國時鄭大夫。
《尹文子》二卷。尹文，周之處士。
《公孫龍子》一卷。戰國時人。舊十四篇，今亡八篇。陳嗣古注一卷。賈大隱注一卷。
《隨巢子》一卷。墨翟弟子。
《胡非子》一卷。墨翟弟子。
《董子》一卷。戰國時董無心撰。其説本墨氏。
《鬼谷子》三卷。皇甫謐注。鬼谷先生，楚人也，生於周世，隱居鬼谷。樂臺注三卷。唐尹知章注三卷。梁陶宏景注三卷。
《補闕子》十卷。梁元帝撰。
《尸子》二十卷。秦相衛鞅上客尸佼撰。
《淮南子》二十一卷。漢淮南王劉安撰。許慎注。又高誘注二十一卷。
《金樓子》十卷。梁元帝撰。
《子鈔》三十卷。梁黟令庾仲容撰。云諮議參軍鈔序。
《子鈔》三十卷。沈約撰。
《子林》三十卷。薛克撰。
《子書要略》一卷。盧藏用撰。
《子談論》三卷。
《范子計然》十五卷。
《農子》一卷。
《燕丹子》一卷。丹，青王喜太子。
《青史子》一卷。
《宋玉子》一卷。楚大夫宋玉撰。
《郭子》三卷。東晉中郎郭澄之撰。賈泉注。
《猗犴子》一卷。元結撰。
《炙轂子》五卷。唐王叡撰。
《乾𦠆子》一卷。温庭筠撰。
《太公六韜》五卷。
《太公金匱》二卷。
《司馬兵法》三卷。
《孫子》三卷。
《吴子》一卷。
《尉繚子》五卷。梁惠王時人。

子略卷一

黄帝陰符經

觀天之道，執天之行，盡矣。故天有五賊，見之者昌。五賊在心，施行於天。宇宙在乎手，萬化生乎身。天性人也，人心機也，立天之道，以定人也。天發殺機，日月星辰。地發殺機，龍蛇起陸。人發殺機，天地反覆。天人合發，萬變定基。性有巧拙，可以伏藏。九竅之耶，在乎三要，可以動静。火生於木，禍發必剋。奸生於國，時動必潰。知之修練，謂之聖人。天地，萬物之盗；萬物，人之盗；人，萬物之盗。三盗既宜，三才既安，故曰食其時，百骸理；動其機，萬化安。人知其神而神，不知不神，所以神。日月有數，大小有定，聖功生焉，神明出焉。其盗機也，天

下莫不見，莫能知。君子得之固窮，小人得之輕命。瞽者善聽，聾者善視，絶利一源，用師十倍，三反晝夜，用師萬倍。心生於物，死於物。機在目，天之無恩而大恩生，迅雷烈風，莫不蠢然。至樂性餘，至静則廉。天之至私，用之至公。禽之制在氣。生者死之根，死者生之根。恩生於害，害生於恩。愚人以天地文理聖，我以時物文理哲。自然之道静，故天地萬物生。天地之道浸，故陰陽勝，陰陽相推而變化順矣。至静之道，律吕所不能契。愛有奇器，是生萬象。八卦甲子，神機鬼藏，陰陽相勝之術，昭昭乎進乎象矣。

陰符經

陰符經注

太公等注一卷。十一家。　七家注一卷。

李靖注一卷。李筌。
張杲注一卷。
袁淑真注一卷。
蕭真宰注一卷。
黄居真注一卷。
沈亞夫注一卷。
任照一注一卷。
蹇昌辰注
杜光庭注一卷。
陸佃注一卷。
李靖《陰符機》一卷。
《陰符太無傳》一卷。張杲傳，得於道藏。
《陰符正義》一卷。唐韋洪。
《陰符要義》一卷。
李筌《妙義》一卷。驪山母傳。
《陰符辨命論》一卷。張杲。
《陰符元談》一卷。元解先生。
《陰符經》一卷。杜光庭。
《陰符十德經》一卷。葛洪。
《陰符經疏》一卷。袁淑真。
《陰符經頌》一卷。大元子。
《陰符經》一卷。無爲子撰。
《陰符頌》三卷。張彬卿撰。
《陰符玄義》一卷。唐張魯。
《陰符丹經》一卷。防山長。
《陰符丹經》一卷，驪山母注。
《陰符序》一卷。李筌。
《陰符經訣》一卷。
《陰符經序》一卷。
《陰符五賊義》一卷。
《陰符小解》一卷。
《陰符天機經》一卷。
《陰符解題》一卷。
《陰符丹經解》一卷。

陸龜蒙讀陰符經詩

清晨整冠坐，朗咏三百言。備識天地意，獻詞犯乾坤。何事不隱德，降靈生軒轅。口銜造化斧，鑿破機關門。五賊忽迸逸，萬物争崩奔。虚施神仙要，莫救華池源。但學戰勝術，相高甲兵屯。龍蛇競起陸，鬥血浮中原。成湯與周武，反覆更爲尊。下及秦漢得，瀆弄兵亦煩。奸强自

休據，仁弱無枝蹲。狂喉恣吞噬，逆翼争飛翻。家家伺天發，不肯匡淫昏。生民墜塗炭，此屋爲冤魂。秖爲謹此書，大樸難久存。微臣與軒轅，亦是萬世孫。未能窮意義，豈敢求瑕痕。曾亦愛兩句，可與賢達論。生者死之根，死者生之根。方寸了十字，萬化皆胚渾。身外更何事，眼前徒自喧。黄河但東注，不見歸崑崙。晝短苦夜永，勸若傾一樽。

皮日休《讀陰符經詩》

三百八十言，出自伊祁氏。上以生神仙，次云立仁義。玄機一以發，五賊紛然起。結爲日月精，融作天地髓。不測似陰陽，難名若神鬼。得之升高天，失之沉厚地。具茨雲木老，大塊烟霞委。自顓頊以降，賊爲聖人軌。堯乃一庶人，得之賊帝摯，摯見其德尊，脱身授其位。舜惟一鰥民，冗冗作什器，得之賊帝堯，白丁作天子。禹本刑人後，以功繼其嗣，得之賊帝舜，用以平降水。自禹及文武，天機嗒然弛。姬公樹其綱，賊之爲聖智。聲詩川競大，禮樂山争峙。爰從幽厲餘，宸極若孩稚。九伯真大彘，諸侯實虎兕。五星合其耀，白日下闕里。由是生聖人，於焉當亂紀。黄帝之五賊，拾之若青紫。高揮春秋筆，不可刊一字。賊子虐甚斯，奸臣痛於崖。至今千餘年，蚩蚩受其賜。時代更復改，刑政崩且陊。余將賊其道，所動多訕毁。叔孫與臧倉，賢聖多如此。如何黄帝機，吾得多坎躓。

陰符經

似孫曰：軒轅氏鑿天之奥，泄神之謀，著書曰『陰符』，雖與八卦相表裏，而其辭其旨，涉乎幾，入乎深。唯深也，故能通天下之志。唯幾也，故能通天下之賾。唯神也，故不疾而速，不行而至。軒轅氏皆有得於此

者。堯舜禹以來，皆精一危微，行所無事之時。陰符之學，無所著見，豈非行之於心，仁於天下者乎！湯、武有誓，韜、匱有兵，八陣有圖，遂皆用此以神其武，而況有《風后握奇》一書，又爲之經緯乎？此黄帝心法，而後世以爲兵法者，是以此書見之兵家者流，殆未曾讀《陰符》矣。嗚呼！若符之學一乎兵，則黄帝之所以神其兵者，豈必皆出於此哉？古之聰明睿知神武而不殺，故通其變，使民不倦；神而化之，使民宜之。此爲《陰符》之機矣。其曰：『天有五賊，見之者昌。』此又出於羲畫之表，人固有五賊，特莫之見耳。若能見之，何止乎昌耶？夫子曰：『老而不死之謂賊。』此之謂也。皮日休之言奇矣！皮日休和陸龜蒙《讀陰符詩》有曰『三百八十言』，出自伊耆氏。皮氏所見亦今本耳。

風后握奇經

馬隆本作『握機』。《叙》云：『風后，軒轅臣也。幄者，帳也，大將所居。言其事不可妄示人，故云握機。』又稱諸子總有三本：其一本三百六十字；一本三百八十字，蓋吕尚增字以發明之；其一行簡，有公孫弘等語，或云武帝令霍光等習之於平樂館，以輔少主，備天下之不虞。今本衍四字。

八陣，四爲正，四爲奇，舊注：奇讀如字。後人説天、地、風、雲爲四正，龍、虎、鳥、蛇爲四奇。公孫弘曰：世有八卦陣法，其既不用奇正，似非風后所傳，未可參用。餘奇爲握奇，舊注：奇讀如奇耦之奇。解云：説奇正者多矣。而握奇云者，四爲正，四爲奇，餘奇爲握奇。陣數有九，中心奇零者，大將握之，以應赴八陣之急處。或總稱之。先出遊軍定兩端，天有衝圓地有軸，前後有衝。一作有風雲。風附於天，雲附於地。衝有重列各四隊，前後之衝各三隊。風居四維故以圓，軸單列各三隊，前後之衝各三隊；風居四角故以方，天居兩端，地居中間，總爲八陣。陣訖，遊軍從後跑躡敵，或驚其左，或驚其右，驚，一作警。聽音望麾，以出四奇。

天地之前衝爲虎翼，風爲蛇蟠，圍繞之義也。虎居於中，張翼以進；蛇居兩端，向敵而蟠以應之。天地之後衝爲飛龍，雲爲鳥翔，突擊

之義也。龍居其中，張翼以進；鳥掖兩端，向敵而翔以應之。虛實二壘，一作三軍。皆逐天文氣候向背、山川利害，隨時而行，以正合，以奇勝。天地以下，八重以列。或曰：握機望敵，即引其後，以掎角前列不動，而前列先進以次之。公孫弘曰：傳項氏陣法依此。今按「而前列」等八字，舊文在「依此」注下，誤也，故遷次以成文。或合而爲一，因離而爲八，各隨師之多少，觸類而長。

天或圓而不動，一作天或圓而不布。前爲左，後爲右，天地四望之屬是也。一本下有「風象」二字。天居兩端，其次風，其次雲，一作其次天衝，其次地衝，其次風衝，其次雲衝。左右相向是也。地方布，風雲各在後衝之前，天居兩端，其次地居中間，一作其次地，其次天中間。兩地爲比是也。公孫弘曰：此爲地，爲從天陣變爲地陣。或即張弁布摯，破敵功圍，不定其形，故爲動也。一本自「公孫弘曰動靜二義」，皆雜出經文中。縱布天一，一作兩天，一無「兩」字，而「縱」字上有「雲象龍」一句。一作龍者象龍。天二次之。天二，一作兩天。縱布地四，次於天後。一作縱布四地，四地次之。一無下「四地」字。縱布四風，挾天地之左右，一無「地」字。天地前衝居其右，後衝居其左，一無二句。一無「天地」字。一無「居其後衝」五字。雲居兩端，虛實二壘，則此是也。一本下有「比爲動也」四字。一無「虛實」已下。公孫弘曰：人多傳韓信注釋「天或圓布」已下，與此微有差異。而范蠡、樂毅之説相雜，令亦錯綜於其中，其部隊或三五，或三十，或五十，變通之理，寄之明哲，不復備載。近古以來，其文不滿尺，多憑口訣以相傳授，予今於難解之處，增字發明之耳。一本其部隊下上五十云陣圖。如此變通由人，以爲經文誤也。按公孫氏稱與其异者，「天或員布，次遊軍定兩端」下以爲正經，而以「天有衝止觸類而長」，列於《續圖》「雲爲翔鳥」之下，今馬本尚如此。

握奇經續圖

角音二：

初警衆　末收衆

革音五：

一持兵　二結陣　三行

四趨走　五急門

金音五：

一緩門　二止門　三退

四背　五急背（背一本作趍。）

麾法五：

一玄　二黄　三白

四青（一作赤。）　五赤（一作青。）

旗法八：

一天玄　二地黄

三風赤　四雲白

五天前上玄下赤

六天後上玄下白

七地前上玄下青（一作赤。）

八地後上黄下赤（一作青。）

陣勢八：

天　地　風

雲　飛龍　翔鳥

虎翼　蛇蟠

二革二金爲天　三革三金爲地

二革三金爲風　三革二金爲雲

四革三金爲龍　三革四金爲虎

四革五金爲鳥　五革四金爲蛇（舊注：此八陣名，用金鼓之制。）

其金革之間加一角音者，在天爲兼風，在地爲兼雲，在龍爲兼鳥，在虎爲兼蛇。加二角音者，全師進東。加三角音者，全師進南。（一作西。）加四角音者，全師進西。（一作南。）加五角音者，全師進北。鞉音不止者，行伍

不整。金革既息而角音不止者，師並旋。

三十二隊天衝　十六隊風

八隊天前衝　十二隊地前衝

十二隊地軸（合作二十四隊。）　八隊天後衝

十二軸地後衝　十六隊雲

以天地前衝爲虎翼，天地後衝爲飛龍。風爲蛇蟠，雲爲翔鳥。

馬隆總述

治兵以信，求勝以奇。信不可易，戰無常規。可握則握，可施則施。

千變萬化，敵莫能知。

匹陳贊

動則爲奇，静則爲陳。陳者陳列，戰則不盡。分苦均勞，佚輪轍定。

有兵前守，後隊勿進。

天陳贊

天陳十六，内方外圓。四面風衝，其形象天。爲陳之主，爲兵之先。

潛用三軍，其形不偏。

地陳贊

地陳十二，其形正方。雲生四角，衝軸相當。其體莫測，動用無疆。

獨立不可，配之於陽。

風陳贊

風無正形，附之於天。變而爲蛇，其意漸玄。風能鼓動，萬物驚焉。

蛇能圍繞，三軍懼焉。

雲陳贊（自太公、范蠡以來，風雲無正形，所以附天地。）

雲附於地，則知無形。變爲翔鳥，其狀乃成。鳥能突擊，雲能晦冥。千變萬化，金革之聲。

飛龍

天地後衝，龍變其中。有手有足，有背有胸。潛則不測，動則無窮。陳形亦然，象名其龍。

翔鳥

鷙鳥擊搏，必先翶翔。勢凌霄漢，飛禽伏藏。審而下之，下必有傷。一夫突擊，三軍莫當。

蛇蟠

風爲蛇蟠，蛇吞天真。勢欲圍繞，性能屈伸。四季之中，與虎爲鄰。後變常山，首尾相因。

虎翼

天地前衝，變爲虎翼。伏虎將搏，盛其威力。淮陰用之，變化無極。垓下之會，魯公莫測。

奇兵贊

古之奇兵，兵在陳内。今人奇兵，兵在陳外。兵體無形，形露必潰。審而爲之，百戰不昧。

合而爲一，離而爲八

合而爲一，平川如城。散而爲八，逐地之形。混混沌沌，如環無窮。紛紛紜紜，莫知所終。合則天居兩端、地居其中，散則一陰一陽、兩兩相衝。勿爲事先，動而輒從。

遊軍

遊軍之形，乍動乍静。避實擊虚，視羸撓盛。結陳趨地，斷繞四徑。後賢審之，勢無常定。

金革

金有五，革有五，退則聽金，進則聽鼓。鼓以增氣，金以抑怒。握其機關，戰不失度。

鞞鼓

紅塵戰深，白刃相臨。勝負未決，人懷懼心。乍奔乍背，或縱或擒。行伍交錯，整在鞞音。

麾角

麾法有五，光目條流。角音有五，初驚末收。麾者指揮，角者驚覺。臨機變化，慎勿交錯。（光目，一作光自。）

兵體

上兵伐謀，其下用師。弃本逐末，聖人不爲。利物禁暴，隨時禁衰。蓋不得已，聖人用之。英雄爲將，夕惕乾乾。（舊闕四字。）其形不偏。樂與身後，勢與身先。小人偏勝，君子兩全。争者逆德，不有破軍，必有亡國。握機爲陳，動則爲賊。後賢審之，勿以爲惑。夫樂殺人者，不得志於天下。聖人之言，以戒來者。（一作天下。）

似孫曰：《風后握奇經》三百八十四字，其妙本乎奇正相生，變化不測，蓋潛乎伏羲氏之畫，所謂天、地、風、雲、龍、鳥、蛇、虎，則其爲八卦之象明矣。蓋注奇讀如奇耦之奇，則尤可與易準。諸儒多稱諸葛武侯八陣、唐李衛公六花，皆出乎此。唐裴緒之論又以爲六十四陣之變，其出也無窮。若此，則所謂八陣者，特八卦之統爾。焦氏易學，卦變至

乎四千九十有六。奇正相錯，變化無窮，是可以名數該之乎？然觀太公武韜，且言牧野之師有天陣、有地陣，此固出於《握奇》。而又有人陣焉，此又出於天、地陣之外者，非八陣、六花所能盡也。獨孤及作《風后八陣圖記》，有曰：『黃帝順煞氣以作兵，法文昌以命將，風后握機制勝，作爲陣圖。故八其陣，所以定位。衡抗於外，軸布於內，風雲負其四維，所次備物也。虎張翼以進，蛇向敵而蟠，飛龍翔鳥，上下其勢，所以致用也。至若疑兵以固其餘地，遊軍以案其後列，門具將發，然後合戰，弛張則二廣迭舉，掎角則四奇皆出。圖成樽俎，帝用經略，北逐獯鬻，南平蚩尤，遺風冥冥，神機未昧。項籍得之霸西楚，黥布得之奄九江，孝武得之攘匈奴。唐天寶中，客有得其遺制於黃帝書之外篇，裂素而圖之。』按魚復之圖，全本於握機。賾其妙，窮其神者，武侯而已。獨孤乃以爲項、黥、武帝得之，未之思歟？

武侯八陣圖 附

似孫曰：蜀漢丞相武鄉侯諸葛亮八陣圖，其一圖在沔陽高平故壘，酈道元《水經》以爲傾而難識矣。其一圖在新都八陣鄉，峙土爲魁，植以江石，四門二首六十四魁，八八成行，兩陣並峙，周凡四百七十二步，

魁百有三十。其一圖在魚復者，隨江布勢，填石爲規，前障壁門，後倚郤月，縱八横八，魁容二丈，内面偃月，九六鱗差。江自岷來，奔怒湍激，驚雷迅馬不足以敵其雄也，徙華變滄不足窮其力也。磊磊斯石，載轟載樁，知幾何年，曾不一仄，是非天所愛、神所儆者歟！昔者風后以陣法佐黄帝戮蚩尤，若變與神，蓋出於《握奇經》者也。所謂經者，本乎先天，賾乎八卦，錯以九疇，非武侯窺其幾泄其用。四頭八尾，脉落口聯，因隊相容，隨形可首，雖曰奇正迭變，未有不出於正者。故曰黄帝之師百戰百勝者，此其得之。桓温固嘗驚嘆，以爲常山蛇；杜甫又切感嗟，稱其石不轉。武侯之心，則二子所未深知也，惟王通氏以爲亮而無死，禮樂可興。吁，知武侯者，通乎！昔者先王處民以井，寄兵於民，熟之以禮容，用之以節制，是誠不陣而可以服人兵者。使武侯昌諸用、勤諸功，《甘誓》《牧誓》可也。天不壽漢，圖石如泣。悲夫！武侯又有《將苑》一卷、《十六策》一卷。

鬻子

魏相奏記載，霍光曰：文王見鬻子，年九十餘，文王曰：『噫，老矣。』鬻子曰：『君若使臣捕虎逐麋，臣已老矣，若使坐策國事，臣年尚少。』文王善之，遂以爲師。今觀其書，則曰發政施仁謂之道，上下相親謂之和，不求而得謂之信，除天下之害謂之仁。其所以啓文王者决矣，其與太公之遇文王有相合者。太公之言曰：『君有六守：仁、義、忠、信、勇、謀。』又曰：『鷙鳥將擊，卑飛翩翼；虎狼將擊，弥耳俯伏；聖人將動，必有愚色。』尤决於啓文王者矣。非二公之言殊相經緯，然其書辭意大略淆雜。若《大誥》《洛誥》之所以爲《書》者，是亦漢儒之所綴輯

者乎？太公又曰：『天下，非一人之天下，天下之天下也。』奇矣。《藝文志》叙：『鬻子，名熊，著書二十二篇。今一卷，六篇。』唐貞元間柳伯存嘗言：『子書起於鬻熊。』此語亦佳，因録之。永徽中，逢行珪爲之序曰：『《漢志》所載六篇，此本凡十四篇，予家所傳乃篇十有二。』

太公金匱、六韜

《詩》曰：『維師尚父，時維鷹揚，諒彼武王，肆伐大商，會朝清明。』鄭康成稱其『天期已至，兵甲之疆，師率之武，故今伐商，合兵以清明也』。《牧誓》曰：『時甲子昧爽，武王朝至于商郊牧野。』與《詩》合也。武王之問太公曰：『何以知人心？』王時寢疾，太公負而起之，曰：『行迫矣，勉之。』武王乃駕鶩冥之車，周旦爲之御，至于孟津。大黃參連弩，大才扶骨車、戰具。飛凫、赤莖白羽，以銅爲首。電影、青莖赤羽，以銅爲首，副也。晝則爲光，夜則爲星。方頭鐵錘、重六斤，一名鐵鉞。行馬，廣二丈，二十具。渡溝飛橋，廣五丈，轉關鹿盧。鷹爪方凶鐵把。柄長七尺。天陣、日月斗杓，杓一左一右，一仰一背，此爲天陣。地陣、丘陵水泉，有左右前後之利。人陣，車馬文武。積楹臨衝，攻具。雲梯飛樓，視城中也。武衡大櫓，三軍所須。雲火萬炬，火具。吹鳴箛。審此，則康成所曰『兵甲之疆，師率之武』，爲可考歟？亦《詩》所謂『檀車煌煌，駟騵彭彭』者也。又考諸武王曰：『殷可伐乎？』太公曰：『天與不取，反受其咎。』武王又曰：『諸侯已至，士民何如？』太公曰：『大道無親，何急於元士！』武王又曰：『民吏未安，賢者未親，何如？』太公曰：『無故無新，如天如地。』其言若有合於《書》者。《詩》之上章曰：『保右命爾，燮伐大商。上帝臨汝，無貳爾心。』此之謂歟？

孔叢子

《漢藝文志》無《孔叢子》，而《孔甲盤盂》二十六篇出于雜家，而

又益以《連叢》，其《獨治篇》稱孔鮒一名甲，世因曰『孔叢子』。《盤盂》者，其事雜也。《漢書注》又以孔甲爲黄帝之史，或夏帝時人，篇第又不同，若非今《孔叢子》也。《記問篇》載子思與孔子問答，如此，則孔子時子思其已長矣，然《孔子家語》後叙及孔子世家，皆言子思年止六十二，孟子以子思在魯穆公時，固常師之，是爲的然矣。按孔子没於哀公十六年，後十六年哀公卒，又悼公立三十七年，元公立二十一年。穆公既立，距孔子之没七十年矣，當是時，子思猶未生，則問答之事，安得有之耶？此又出於後人綴集之言，何其無所據若此。好古之癖，每有悦乎异帙奇篇，及觀其辭、考其事，則往往差謬而同异。嗚呼！夫子没而微言絶，异端起而大義乖，皆苟簡於一時而增疑於來世也。故爲學者，捨六經何師焉？

曾子

《曾子》者，曾參與其弟子公明儀、樂正子春、單居離、曾元、曾華之徒講論孝行之道、天地事物之原。凡十篇，自《修身》至於《天圓》，已見於《大戴禮》，篇爲四十九、爲五十八；它又雜見於《小戴禮》，略無少异。是固後人掇拾以爲之者歟？劉中壘父子秦漢《七略》已不能致辨於斯，况他人乎？然董仲舒對策已引其言，有曰：『尊其所聞則高明，行其所知則光大。』則書固在董氏之先乎？又其言曰：『君子愛日及時而成，難者不避，易者不從。旦就業，夕自省，可謂守業。年三十、四十無藝，則無藝矣。五十不以善聞，則無聞矣。質者吾自三省吾身，何其辭費耶？』予續先太史《史記注・七十二弟子傳》，參字子輿，晋灼讀音如宋昌驂乘之參，因併及之。

魯仲連子

仲連生戰國間，可謂大不幸者矣。有其材即無其時，有其時無其事業，此志士之所共嗟也。若其辭氣雋放，倜儻磊落，琅琅乎誓、誥之風，遺燕將一書，有曰：『智者不背時而弃利，勇士不怯死以滅名，忠臣不先身而後君。』辭旨激亮，隱然出乎《戰國》之表，其義高矣。《史記》傳仲連，言其莫肯干仕。嗚呼！當是時，士掉三寸舌，得意天下，一言捭闔，取富貴如拾芥，往往挾詐尚謀，揉轥於名利之場如恐不及。仲連智謀辯勇，非儀、秦髡衍輩可伍，因事抗議，切中事機，排難解紛，迎刃而破，心畏爵賞，如逝鴻避弋，連之意沉冥斯世久矣。仲連可縻，不過相齊耳。天下諸侯方仄足惴惴，將一於秦，亦豈一齊所可亡秦者？逃歸海上，瞭焉蓍龜。兹其所以大過人歟？戰國以來一人而已。

晏子春秋

孔子删《詩》而《魯頌》居《周》《商》之中，孔子定《書》而《費誓》《秦誓》在《周書》之後，下僭上，臣逼君，禮義銷微，制度掃地，聖人無所施其正救，而猶惓惓於《詩》《書》。至於世日益亂，分日益陵，三綱五常，斫喪乖紊，天地之變，有不可勝言者，而《春秋》作矣。《春秋》所書，莫大於齊晋之霸。齊晋之霸，莫雄於管仲之謀。周室法度爲之蕩然，其爲術至慘也、至無道也，其遺患天下後世者，仲也。三歸反坫，仲於禮也何有。以此謀國，國安得正，而况背義違禮，桓公唯甚。君臣之際，不亦陋乎？不特是也。自太公疆於齊，至於宣公，蓋二十三傳矣，而弑死十有一。嗚呼！何其甚亂也。獻公殺其兄，襄公淫其妹，懿公、宣公皆以淫惡而見弑。當是時，禮亡義隳，豈復知有君臣上下之分哉？在景公

時，齊之爲齊，趨於弱、入於危矣。公燕群臣，請無爲禮，是何其言之謬、法之蕩也？晏子蹴然進曰：「君言過矣，群臣固欲君之弃禮也。力强足以勝其長，勇多足以殺其君，而禮不使也。戰國之污，有臣如此，亦庶幾焉。然而田氏之宗，世世齊政，賣恩斂惠，以懷其民，民亦忘齊而歸田氏，禮之素蕩、義之素隳，魚爛冰銷，有不可自禦。誦晏子之語，究晏子之心，豈不哀哉？《孟子》曰：『一齊人傅之，衆楚人咻之。』

子略卷二

老子注

河上丈人 戰國時人。　河上公 漢文帝時人。

毋丘望之 漢長陵三老。又《章句》二卷。　嚴遵 漢處士。又《指歸》十一卷。

王弼 又《老子指例略》二卷。　鍾會

羊祜 又有解釋。　蜀才

孫登 晉尚書郎。　汪尚 晉江州刺史。

劉仲融　袁真 晉中郎將。

張憑　曹道冲

盧景裕　陶弘景

陳皋　鍾植

李允愿　陳嗣古

惠琳 僧。　惠嚴 僧。

鳩摩羅什　義盈 僧。

程韶 《集注》。　任真子 《集注》。

張道相 道士，集三十家注。　梁曠 又《道經經品》四卷。

偃松子　李納

李榮 道士。　辟閭仁諝

傅奕　楊上善

吴善經 又《小解》二卷。　李若愚

顧歡 《義疏》一卷，又《義綱》一卷。　孟智周 《義疏》五卷。

韋處玄《義疏》四卷。
戴詵《義疏》九卷。
趙志堅《義疏》四卷。
王顧《義疏》四卷。
江徵《義疏》十四卷。
賈青夷《義疏》四卷。
梁武帝《講疏》四卷，又六卷。
何晏《講疏》四卷，又《道德問》二卷。
王肅《妙言道德新記》二卷。
葛洪《序訣》二卷。
李玄英《義疏》十卷。
韓莊《玄旨》二卷。
劉遺民《玄譜》一卷。
扶少明 道士。《道德經譜》二卷。
陸希聲《道德經傳》四卷。
杜光庭《廣聖義》三十卷。
賈大隱《老子述義》十卷。
元景先生《簡要義》五卷。
陸修靜《道德經新説》一卷。
陳景先 道士。《以微》二卷。
崔少玄《老子心鏡》一卷。
賈善翊《傳》三卷。

何晏道德二論 晏，又有《講疏》四卷。

何平叔 晏。 注《老子》始成，詣王輔嗣，見王注精奇，乃神伏曰：『若斯人，可與論天人之際矣。』因以所注爲《道德二論》。又，晏注《老子》未畢，見弼自説注《老子》旨，何意多所短，不復得作聲，但應喏喏，遂不復注，因作《二論》。《文章敘録》曰：自儒者論以老子非聖人，絶禮弃學，晏説與聖人同，著論行於世。《魏氏春秋》曰：弼論道約美不如晏，自然出拔過之。又曰：晏少有异才，善談《易》《老》。

裴徽論老子

王輔嗣弱冠詣裴徽，徽問曰：『夫無者，誠萬物之所資，聖人莫肯致言。而《老子》申之無已，何耶？』弼曰：『聖人體無，無又不可以訓，故言必及有。老、莊未免，於有，恒訓其所不足。』《永嘉流人名》曰：徽字文季，河東聞喜人，太常潛少弟也，仕至冀州刺

史。《王弼别傳》曰：弼父爲尚書郎，裴徽爲吏部郎，徽見异之，故問。

老子

卦始於犧，重於文王，成於孔子，天人之道極矣。究人事之始終，合天地之運動，吉凶悔吝，禍福興衰，與陰陽之妙，迭爲銷復，有無相乘，盈虚相蕩，此天地之用，聖人之功也。《易》有憂患，此之云乎？《書》紀事，《詩》考俗，《春秋》以明道，《禮》《樂》以稽政，往往因其行事，書以記之者也。《易》之作，極聖人之藴奥，而天下無遺思矣。《老子》之學，於道深矣。反覆其辭，鈎研其旨，其造辭立用，特欲出於天地範圍之表，而道前古聖人之所未道者，然而不出於有無相乘、盈虚相蕩之中。所謂道者，蓋犧皇之所鑿，周、孔之所貫，豈復有所增損哉？六經之學，立經垂訓，綱紀萬世。老氏用心，又將有得於六經之外，非不欲返世真淳、挈民清

净。然善用之者，蓋可爲黄昊、爲唐虞。其不善用之，則兩晉、齊梁之弊，有不可勝言者。此非言者之過也。世之言老氏者，往往以爲其道出於虚無恬漠，非道之實而病之，其又偏矣。太史公所謂『尊孔氏者，則黜老子；尊老子者，則黜孔氏』。柳宗元獨曰：『老子，孔子之异流也，不得以相抗，何斯言之審且安也。』揚雄氏《太玄》則曰：『孔子文足者也，老君玄足者也。』淵乎斯言。

莊子注

向　秀 二十卷。　　司馬彪 十六卷。

郭　象 十卷。　　李　頤 晉。三十卷。

崔　譔 十卷。　　楊上善 十卷。

盧藏用 十二卷。　　文如海 道士，十卷。

成玄英 道士，三十卷。又《義疏》十二卷。　張昭 十卷。
李頤《集解》二十卷。　王元古《集解》二十卷。
梁簡文帝《講疏》三十卷。　張機《講疏》二卷。
李叔之《義疏》三卷。宋處士。　戴詵《義疏》八卷。
王穆《義疏》十卷。　周宏正《講疏》八卷。
陸德明《文義句》二十卷。　馬廓《古本正義》十卷。
梁曠《南華論》二十五卷。　李充《論》二卷。
張隱居《指要》三十三篇。　張游朝《南華罔象説》十卷。
賈參寥《通真論》三卷。唐人。　碧虛子《南華總章》二卷，又《章句》七卷。
元載《南華通微》十卷。

向秀莊子解義

初注《莊子》者數十家，莫能究其旨要。向秀於舊注外爲解義，妙析奇致，大暢玄風。《秀别傳》曰：秀與嵇康、吕安爲友，趣舍不同。嵇康傲世不羈，安放逸邁俗，而秀雅好讀書，二子頗以此嗤之。後秀將注《莊子》，先以告康、安，康、安咸曰：「此書詎復須注，徒弃人作樂事耳。」及成，以示二子，康曰：「爾故復勝不？」安乃驚曰：「莊周不死矣。」後注《周易》，大義可觀，而與漢世諸儒互有彼此，未若隱莊之絶倫也。《秀本傳》或言：秀遊托數賢，蕭屑卒歲，都無注述，唯好《莊子》，聊隱崔撰所注，以備遺忘云。《竹林七賢論》云：秀爲此義，讀之者無不超然，若已出塵埃而窺絶冥，始了視聽之表，有神德玄哲，能遺天下、外萬物，雖復使動競之人顧觀所徇，皆悵然自有振拔之情矣。唯《秋水》《至樂》二篇未竟，而秀卒，秀子幼，義遂零落，然猶有别本。郭象者，爲人薄行，有雋才。《文士傳》曰：象字子玄，河南人。少有才理，慕道好學，托志老莊，時人咸以爲王弼之亞。辟司空掾、太傅主簿。見秀義不傳於世，遂竊以爲己注，乃自注《秋水》《至樂》二篇，又易《馬蹄》一篇，其餘衆篇，或定點文字而已。《文士傳》曰：象作《莊子注》，最有清辭遒旨。後秀義别本出，故今有向、郭二《莊》，其義一也。

支道林莊子逍遥義

《莊子·逍遥篇》舊是難處，諸名賢所可鑽味，而不能拔理於郭、向

之外。支道林在白馬寺中，將馮太常共語，《馮氏譜》曰：馮懷，字祖思，長樂人，歷太常、護軍將軍。因及《逍遥》，支卓然標新理於二家之表，立异義於衆賢之外，皆是諸名賢尋味之所不得，後遂用支理。向子期、郭子玄《逍遥義》曰：夫大鵬之上九萬尺，鷃之起榆枋，小大雖差，各任其性，苟當其分，逍遥一也。然物之芸芸，同資有待，得其所待，然後逍遥耳。唯聖人與物真而循大變，爲能無待而常通，豈獨自通而已？又從有待者，不失其所待，不失則同於大通矣。支氏《逍遥論》曰：夫逍遥者，明至人之心也。莊生建言大道而寄指鵬鷃，鵬以營生之路曠，故失適於體外；鷃以在近而笑遠，有矜伐於心內。至人乘天正而高興，遊無窮於放浪，物物而不物於物，則遥然不我得。玄感不爲不疾而速，則逍然靡不適，此所以爲逍遥也。若夫有欲，當其所足，足於所足，快然有似天真。猶飢者一飽，渴者一盈，豈忘烝嘗於糗糧，絶觴爵於醪醴哉？苟非至足，豈所以逍遥乎！此向、郭之注所未盡。

晉人好言老莊

魏阮籍《達莊論》曰：天道貴順，地道貴静，聖人修之，以建其名；吉凶有分，是非有經，務利高勢，惡死重生，故天下安而大功成也。今莊子周乃齊禍福而一死生，以天地爲一物，以萬類爲一指，無乃徼惑以失真，而自以爲誠者也。

殷仲堪精核玄論，人謂莫不研究。殷乃嘆曰：『使我解四本，談不翅爾。』《周祗隆安記》曰：仲堪好學而有理思也。

殷仲堪云：『三日不讀《道德經》，便覺舌本間强。』《晉安帝紀》曰：仲堪有思理，能清言。

庾子嵩讀《莊子》，開卷一尺許便放去，曰：『了不异人意。』《晉陽秋》曰：庾敳字子嵩，潁川人，侍中峻第三子。恢閎有度量，自謂是老莊之徒。曰：『昔未讀此書，當謂至理如此，今見之，正與人意暗同。』仕至豫州刺史。

支道林、許、謝盛德共集王家，許詢，謝安，王濛。謝顧謂諸人：『今日可謂彦會，時既不可留，此集固亦難常，當共言咏，以寫其懷。』許便問主人有《莊子》不，正得《漁父》一篇。《莊子》曰：孔子遊乎緇帷之林，休坐乎杏壇之上，孔子弦歌鼓琴，奏曲未半，有漁者下船而來。須眉交白，被髮揄袂，行原以上，距陸而止，左手據膝，右手持頤以聽。曲終而招子貢、子路，語曰：『彼何爲者也？』曰：『孔氏。』曰：『孔子何治？』子貢曰：『服忠信，行仁義，飾禮樂，選人倫，孔氏之所治也。』曰：『有上之君歟？』曰：『非也。』漁人曰：『仁則仁矣，恐不免其身。』孔子聞而求問之，遂言八疵四病，以誡孔子。謝看題便各使四坐，適支道林先通，作七百許語，叙致精麗，才藻奇拔，衆咸稱善。於是四坐各言懷畢，謝問曰：『卿

等盡不？』皆曰：『今日之言，少不自竭。』謝後粗難，因自叙其意，作萬餘語，才峰秀逸。《文字志》曰：安神情秀悟，善談玄遠。既自難干，加意氣擬托，蕭然自得。四坐莫不厭心，支謂謝曰：『君一往奔詣，故復自佳耳。』

阮宣子有令聞，太尉王夷甫見而問曰：『老莊與聖教同异。』對曰：『將無同。』太尉善其言，辟之爲掾，世謂三語掾。《名士傳》曰：阮修字宣子，陳留人。好《老》《易》，能言理。

郭子玄有雋才，能言老莊，庾敳嘗稱之，每曰：『郭子玄何必減庾子嵩。』《名士傳》曰：郭象字子玄，自黄門郎爲太傅主簿，任事用勢，傾動一府。敳謂象曰：『卿自是當世大才，我疇昔之意都已盡矣。』其伏理推心皆此類也。

莊子

《道德》三千言，辭絜旨讜，澹然六經之外，其用則易也。莊周則不然，浚滌沉潛，若老於玄者，而泓崢蕭瑟，乃欲超遥於老氏之表。是以其説意空一塵，倜儻峻拔，無一毫蹈襲沿仍之陋。極天之荒，窮人之僞，放肆迤演，如長江長河，衮衮灌注，泛濫乎天下。又如萬籟怒號，澎湃洶涌，聲沉影滅，不可控搏。率以荒怪詭誕，狂肆虚眇，不近人情之説，瞽亂而自呼。至於法度森嚴，文辭雋健，自作瑰新，亦一代之奇才乎！戰國多奇士，荀卿之學，有志斯世者也，魯連之辯，獨善其身者也。寓言一書，非深乎道者，未易造此，顧獨以滑稽發之。士至於無所用其才，而猶區區於矯拂世俗之弊者，不亦恝恝乎！方是時，天下大壞，蕩不可支，攘奪争凌，斬然一律。其意思有以激之回之，矯之夷之。肆意無忌，以放乎辭，矯世之私，曾不一二。而亂天下之過，特不可免於中。若其言托孔子以自致其過者，二十有九章。又言：堯、禹、文王、太公之事，皆非《詩》《書》所見，而竊快其無稽之論，狎聖侮道，玆爲亦甚矣。學者知之乎？

列子

劉向論《列子》書穆王湯問之事，迂誕恢詭，非君子之言。又觀穆王與化人游，若清都紫微，鈞天廣樂，帝之所居，夏革所言，四海之外，天地之表，無極無盡。傳記所書，固有是事也，人見其荒唐幻異，固以爲誕。然觀《太史公史》，殊不傳《列子》，如《莊周》所載許由務光之事。漢去古未遠也，許由務光往往可稽，遷猶疑之。所謂禦寇之説，獨見於寓言耳，遷於此詎得不致疑耶？《周》之末篇，叙墨翟、禽滑釐、慎到、田駢、關尹之徒，以及於周，而禦寇獨不在其列。豈禦寇者，其亦所謂鴻蒙列缺者歟？然則是書與《莊子》合者十七章，其間尤有淺近迂僻者，特出於後人會粹而成之耳。至於西方之人『有聖者焉，不言而自信，不化而自行』，此固有及於佛，而世尤疑之。夫天毒之國，紀於《山海》；竺乾之師，間於柱史，此楊文公之文也。佛之爲教，已見於是，何待於此時乎？然其可疑可怪者，不在此也。

文子

柳子厚以《文子》徐靈府注十二卷、李白進訓注十二卷，天寶中以《文子》爲《通玄真經》。子爲老子弟子，其辭指皆本之《老子》。其傳曰：老子弟子，雖其辭指柳子厚以爲時有若可取，蓋駁書也。凡《孟子》數家，皆人剽竊，文詞又牙相抵而不合，人其損益之歟，或聚斂以成其書歟？乃爲刊去謬亂，頗發其意。子厚所刊之書，世不可見矣。今觀其言曰：『神者智之淵，神清則智明；智者心之府，智公則心平。』又曰：『上學以神聽之，中學以心聽之，下學以耳聽之。』又曰：『貴則觀其所舉，富則觀其所欲，貧則觀其所愛。』又曰：『人性欲平，嗜欲害之。』此亦《文子》之一臠也。

子略卷三

戰國策

班固稱太史公取《戰國策》《楚漢春秋》陸賈《新語》作《史記》。三書者，一經太史公採擇，後之人遂以爲天下奇書。予惑焉，每讀此書，見其叢脞少倫，同异錯出，事或著於秦、齊，又復見於楚、趙，言辭謀議如出一人之口。雖劉向校定，卒不可正其淆駁，會其統歸。故是書之汩，有不可而辨者。况於《楚漢春秋》、陸賈《新語》乎？二書紀載殊無奇耳。然則太史公獨何有取於此？夫載戰國、楚漢之事，捨三書他無可考者。太史公所以加之採擇者，在此乎？柳子厚嘗謂『左氏《國語》，其閎深杰异，固世之所耽嗜而不已也，而其説多誣淫，不概於聖。余懼世之學者，惑其文采而淪其是非，作非《國語》』。昔讀是書，殊以子厚言之或過矣，反覆《戰國策》，而後三嘆非《國語》之作，其用意切、用功深也。予遂效此，盡取《戰國策》與《史記》同异，又與《説苑》《新序》雜見者，各彙正之，名曰《戰國策考》。

管子

尹知章注，三十卷，杜佑《管氏指略》二卷。

古者盛衰之變，甚可畏也。先王之制，其盛極於周。后稷、公劉、大王、王季、文、武、成、康、周公之所以制周者，非一人之力，一日之勤，經營之難，積累之素，况又有出於唐虞、夏商之舊者。及其衰也，一夫之謀，一時之利，足以銷靡破鑿，變徙劃蝕，而迄無餘脉。吁，一何易耶！九合之力，一霸之圖，於齊何有也？使天下一於兵而忘其爲農，天下一於利而忘其爲義。孰非利也，而乃攻之以貪，騁之以詐；孰非兵也，而乃趨

之以便，行之以險。一切先王之所以經制天下者，烟散風靡，無一可傳。嗚呼，仲其不仁者哉！而况井田既壞、概量既立，而商鞅之毒益滋矣；封建既隳，《詩》《書》既燎，而李斯之禍益慘矣。繄誰之咎耶？漢唐之君，貪功苟利，兵窮而用之無法，民削而誅之無度，又有出於管仲、鞅、斯之所不爲者，豈無一士之智、一議之精，區區有心於復古者，而卒不復可行。蓋三代之法，其壞而掃地久矣。壞三代之法，其一出於管仲乎？劉邵之志人物也，曰管仲，曰商鞅，皆以隸之法家。李德裕以邵之索隱精微，研幾玄妙，實天下奇才，至以管仲與商鞅俱，人物之品，往往不倫。德裕顧未嘗熟讀其書耳。邵所謂皆出於法者，其至論歟。孔子曰：『齊一變至於魯，魯一變至於道。』使齊盡變其功利之習，僅庶幾於魯耳。然則安得而變哉！聖人非有志於變齊也，古之不可復也，爲可嘆耳！

尹文子

班固《藝文志》名家者流録《尹文子》。其書言大道，又言名分，又言仁義禮樂，又言法術權勢，大略則學老氏而雜申、韓也。其曰：『民不畏死，由過於刑罰者也。刑罰中則民畏死，畏死則知生之可樂；知生之可樂，故可以死懼之。』此有希於老氏者也。又有不變之法、齊等之法、理衆之法、平凖之法，此有合於申、韓。然則其學雜矣，其學淆矣，非純乎道者也。仲長統爲之序，以子學於公孫龍。按龍客於平原君，趙惠文王時人也，齊宣王死，下距趙王之立，四十餘年矣。則子之先於公孫龍爲甚明，非學乎此者也。晁氏嘗稱其宗六藝，數稱仲尼。熟考其書，未見所以稱仲尼、宗六藝者，僅稱誅少正卯一事耳。嗚呼，士之生於春秋戰國之間，其所以熏烝染習，變幻捭闔，求騁於一時而圖其所大欲者，

往往一律而同歸。其能屹立中流，一掃群异，學必孔氏，言必六經者，孟子一人而已。

韓非子

士生戰國，才不一伸，抱智懷謀，其求售殊切切，亦可憐也。商鞅以法治秦，李斯又以法治秦，秦之立國，一出於刑罰法律。而士以求合者，非此不可。始皇一見韓非之書，喟然嘆曰：『寡人得見斯人，與之游，死不恨矣。』始皇所以惓惓於非者，必有所契者。今讀其書，往往尚法以神其用，薄仁義，厲刑名，背《詩》《書》，課名實，心術辭旨，皆商鞅、李斯治秦之法，而非又欲凌跨之。此始皇之所投合，而李斯之所忌者，非迄坐是爲斯所殺，而秦即以亡，固不待始皇之用其言也。《説難》一篇，殊爲切於事情者，惟其切之於求售，是以先爲之説，而後説於人，亦

庶幾萬一焉耳。太史公以其説之難也，固嘗悲之。太史公之所以悲之者，抑亦有所感慨焉而後發歟？嗚呼！士生不遇，視時以趨，使其盡遇，固無足道，而况《説難》《孤憤》之作，有如非之不遇者乎？揚雄氏曰：『秦之士賤而拘。』信哉！

墨子

《韓非子》謂墨子死，有相里氏之墨、相芬氏之墨、鄧陵氏之墨。孔、墨之後，儒分爲八，墨離爲三，其爲説异矣。《墨子》稱堯曰：『采椽不斫，茅茨不剪。』稱周曰：『嚴父配天，宗祀文王。』又引『若保赤子』『發罪惟均』，出於《康誥》《泰誓》篇，固若依於經，據於禮者。孟子方排之，不遺一力。蓋聞之夫子曰：『惡似而非者。惡莠，恐其亂苗也；惡鄭聲，恐其亂雅也；惡紫，恐其亂朱也；惡鄉原，恐其亂德也。』墨之爲書，一

切如莊周，如申商，如韓非、惠施之徒，雖不闢可也。唯其言近乎譎，行近乎誣，使天下後世人盡信其説，其害有不可勝言者，是不可不加闢也。嗚呼，《孟子》之學，一於羽翼群經，推尊聖人者歟。异時有纏子者，修《墨子》之業，唯曰『勸善兼愛』，墨子重之。嗚呼，學墨子者，豈學此乎！

鄧析子

劉向曰：非子産殺鄧析。推《春秋》驗之，按《左氏》魯定公八年，鄭駟歂嗣子太叔爲政，明年，殺鄧析而用其竹刑，君子謂歂嗣於是爲不忠。考其行事，固莫能詳。觀其立言，其曰：『天於人無厚，君於民無厚。』又曰：『勢者君之輿，威者君之策。』其意義蓋有出於申、韓之學者矣。班固《藝文志》乃列之名家。《列子》固嘗言其操兩奇之説，設無窮之辭，數難子産之治，而子産誅之，蓋則與《左氏》异矣。《荀子》又言其不法先王，不是禮義，察而不惠，辯而無用，則亦流於申韓矣。夫傳者乃曰『歂殺鄧析』，是爲不忠。鄭以衰弱，夫鄭之所以爲國者，有若裨諶草創之，世叔討論之，東里子産潤色之，庶幾於古矣。子産之告太叔曰：『有德者能以寬服人，其次莫如猛。』子産，惠人也，固已不純乎德，他何足論哉！不止竹刑之施而民懼且駭也。嗚呼！春秋以來，列國棊錯，不以利勝，則以威行，與其民揉轥於争抗侵凌之域，豈復知所謂仁漸義摩者？其民苦矣。固有惠而不知爲政者，豈不賢於以薄爲度，以威爲神乎？析之見殺，雖歂之過，亦鄭之福也。

亢桑子

孔子曰：『上有好者，下有甚焉。』《亢桑子》之謂歟？開元、天寶間，天子方鄉道家者流之説，尊老氏，表莊、列，皇皇乎清虚冲澹之風矣。

又以《亢桑子》號『洞靈真經』，上既不知其人之仙否，又不識其書之可經，一旦表而出之，固未始有此書也。襄陽處士王褒來獻其書，書，褒所作也。按《漢略》《隋志》皆無此書，褒之作也，亦思所以趨世好、迎上意耶？今讀此編，往往採諸《列子》《文子》，又採諸《吕氏春秋》《新序》《説苑》，又時採諸《戴氏禮》。源流不一，往往論殊而辭异，可謂雜而不純、濫而不實者矣。太史公作《莊周列傳》，固嘗言其語空而無實，而柳宗元又以爲空言之尤，皆是知其人、决其書。然柳氏所見，必是王褒所作者。

鶡冠子

春秋戰國間，人才之偉且多，有不可勝者，不得其時，不得其位，不得其志，退而藏之山谷林莽之間，無所泄其謀慮智勇，大抵見之論著。

然其經營馳騁天下之志，未始一日忘，而其志亦可窺見其萬一者矣。是以功名之念有以怵其心，利害之機有以蕩其慮，而特立獨行之操，不足以盡洗見聞之陋也。是其爲書不出於黄老，則雜於刑名，是蓋非一《鶡冠子》而已也。柳子厚讀賈誼《鵩賦》，嘉其詞，而學者以爲盡出《鶡冠子》。得其書讀之，殊爲鄙淺，唯誼所引用者爲甚美，餘無可言者。《列仙傳》曰：『鶡冠子，楚人，隱居，衣弊履穿，以鶡爲冠，莫測其名。著書言道家事，則蓋出於黄老矣。』其書有曰：『小人事其君，務蔽其明、塞其聰、垂其威，以灼熱天下。天高而難追，有福不可請，有禍不可違。』其言如此，是蓋未能忘情於斯世者。至曰：『鳳鳥陽之精，麒麟陰之精，萬民者德之精。』嗚呼，亦神矣！

孫子

昭文章，明貴賤，辨等列，順少長，魯兵也。不重傷，不禽二毛，不以阻隘，明恥教戰，宋兵也。少長有禮，八節和睦，晋兵也。制國作政，以寄軍令，齊兵也。僕三千人，有紀有綱，秦兵也。伐晋之舉，喪乃止焉，楚兵也。周衰，制隳法蕩，政不克綱，强弱相凌，一趨於武，侈兵圖霸，干戈相尋，甚可畏也。其間謀帥行師，命意立制，猶知篤禮信、尚訓齊，庶幾三代仁義之萬一焉耳，殊未至於毒也。兵流於毒，始於孫武乎？武稱雄於言兵，往往捨正而鑿奇，背義而依詐。凡其言議反覆，奇變無常，智術相高，氣驅力奮，故《詩》《書》所述，《韜》《匱》所傳，至此皆索然無餘澤矣。先儒曰：『無以學術殺天下後世。』是猶言學者也。吴越交兵，勝負未决，武居其間，豈無所以爲强吴勝越者？二十年間，闔廬既以戰死，夫差旋喪其國。方是時，武之術不行於他國，特見信於吴，而武之言兵，亦知爲吴計而已。成敗興亡，易如反掌，固毋待於殺天下後世。兵其可以智用歟？

吴子

自有春秋而天下日窮於兵，孫武以言兵進於吴，吴起以言兵售於魏，各以書名家。然讀《吴子》，其説蓋與孫武截然其不相侔也。起之書幾乎正，武之書一乎奇。吴之書尚禮義、明教訓，或有得於《司馬法》者；武則一切戰國馳騁戰争、奪謀逞詐之術耳。武侯浮西河，下中流，喟然嘆曰：『美哉！山河之固，魏之寶也。』起言之曰：『在德不在險，德之不修，舟中之人，盡敵國也。』斯言之善，質於經，求之古，奚慚焉。反覆此編，則所教在禮，所貴在禮。夫以湯武仁義律之起，誠有間，求之於齊、魯、晋、衛、秦、楚之論兵者，起庶幾乎！武侯賢矣，聽起者篤矣，

君臣之遇，不爲不厚矣。讒間一生，弃如敝屣，勛名志業，迄不一就，士之思古，安得不嘆息於斯！若其當新難之國，輔未壯之君，馭不附之大臣，臨未信之百姓，而乃明法審令，廢疏遠之公族，捐不急之庶官，持意太過，操制太嚴，是所以速禍耳。起乃疏於此耶？

范子

范子之事，不亦奇乎！蠡相越王勾踐，深謀隱策者一十二年，迄亡吴，大雪越耻。勾踐霸，拜蠡上將軍，蠡即日上書勾踐，扁舟五湖，闃然無聲，又浮海入齊，變姓名鴟夷子皮，父子治貲數十萬。齊聞之，延爲相。有頃，上相印，盡散其所有，獨懷重寶行，次乎陶，天下稱陶朱公。嗚呼，智哉！唐王績詩：『范蠡何智哉，單舟戒輕裝。』與吾言合節。蠡方居齊，以書儆大夫種曰：『鷙鳥盡，良弓藏。狡兔死，走狗烹。王長頸，可

共患難，不可共樂。合亟圖之。』嗚呼！此非蠡之言，計然之言也。初，有計然者，遨遊海澤，自稱漁父。蠡有請曰：『先生有陰德，願令越社稷長保血食。』計然曰：『越王鳥喙，不可以同利。』蠡之智其有决於此乎？此編卷十有二，往往極陰陽之變，窮曆數之微。其言之妙者，有曰：『聖人之變，如水隨形。』蠡之所以俟時而動，見幾而作者，其亦有得乎此。計然，濮上人，姓章名文子，其先晋國公子也。

鬼谷子

《隋志》有樂注三卷，又有鬼谷先生《占氣》一卷。

戰國之事危矣！士有挾雋异豪偉之氣求騁乎用，其應對酬酢、變詐激昂，以自放於文章，見於頓挾險怪、離合揣摩者，其辭又極矣。《鬼谷子》書，其智謀、其數術、其變譎、其辭談，蓋出於戰國諸人之表。夫一闢一闔，《易》之神也。一翕一張，老氏之幾也。鬼谷之術，往往有得於

闔闢、翕張之外，神而明之，益至於自放潰裂而不可禦。予嘗觀諸《陰符》矣，窮天之用，賊人之私，而陰謀詭秘，有《金匱》《韜略》之所不可該者，而鬼谷盡得而泄之，其亦一代之雄乎！按劉向、班固録書無《鬼谷子》，《隋志》始有之，列於縱横家，《唐志》以爲蘇秦之書。然蘇秦所記，以爲周時有豪士隱者，居鬼谷，自號鬼谷先生，無鄉里族姓名字。今考其言，有曰：『世無常責，事無常師。』又曰：『人動我静，人言我聽。知性則寡累，知命則不憂。』凡此之類，其爲辭亦卓然矣。至若《盛神》《養志》諸篇，所謂中稽道德之祖，散入神明之𧷤者，不亦幾乎。郭璞《登樓賦》有曰：『揖首陽之二老，招鬼谷之隱士。』又《遊仙詩》曰：『青溪千餘仞，中有一道士。借問此何誰，云是鬼谷子。』可謂慨想其人矣。徐廣曰：潁川陽城有鬼谷。注其書者，樂臺、皇甫謐、陶弘景、尹知章。知章，唐人。

子略卷四

吕氏春秋

淮南王尚奇謀，幕奇士，廬館一開，天下隽絶馳騁之流，無不雷奮雲集，蜂議横起，瑰詭作新，可謂一時杰出之作矣。及觀《吕氏春秋》，則淮南王書殆出於此者乎？不韋相秦，蓋始皇之政也。始皇不好士，不韋則徠英茂，聚畯豪，簪履充庭，至以千計。始皇甚惡書也，不韋乃極簡册，攻筆墨，採精録异，成一家言。吁，不韋何爲若此者也？不亦异乎！《春秋》之言曰：『十里之間，耳不能聞；帷墻之外，目不能見；三畝之間，心不能知。而欲東至開悟，南撫多鷚，西服壽靡，北懷靡耳，何以得哉！』四極國名。此所以譏始皇也。始皇顧不察哉，不韋以此書暴之咸陽門，曰：『有能損益一字者，與千金。』人卒無一敢易者，是亦愚黔之甚矣。秦之士其賤若此，可不哀哉！雖然，是不特人可愚也，雖始皇亦爲之愚矣。异時亡秦者，又能屠沽負販，不一知書之人。嗚呼！

黄石公素書

梁肅《圯橋石表》曰：『黄帝氏方平蚩尤時，乃玄女啓符，風后行誅。漢祖方征秦、項時，乃黄石授兵，留侯演成。《易》稱「人謀鬼謀，百姓與能。」又曰：「神道設教，而天下服。」』蓋謂是矣。東坡以爲子房授書於圯上老人，其事甚怪，安知非秦之世有隱君子者，出而試之，世不察，以爲鬼物，亦已過矣。子房以蓋世之才，不爲伊尹、太公之謀，而特出於荆軻聶政之計，以僥幸於不死，此圯上老人之所深惜。老人者以爲子房才有餘，而憂其度量之不足，故深折其少年剛鋭之氣，使之忍小忿

而就大謀。高祖之所以勝，項籍之所以敗，在能忍與不能忍之間耳。項籍惟不能忍，是以百戰百勝，而輕用其鋒。高祖忍之，養其全鋒而待其弊，豈出於張良者乎？按黄石公又有《三略》三卷、《兵書》三卷、《三奇法》一卷、《陰謀軍秘》一卷、《五壘圖》一卷、《内記敵法》一卷、《秘經》一卷、《記》一卷，又有《張良經》一卷，其出於《三略》《素書》者乎？

淮南子

少愛讀《楚辭·淮南小山》篇，聱峻瑰磊，他人制作不可企攀者。又慕其《離騷》，有傳窈窕，多思致。每曰：『淮南，天下奇才也。』又讀其書二十篇，篇中文章，無所不有，如與《莊》《列》《吕氏春秋》《韓非子》諸篇相經緯表裏，何其意之雜出、文之沿複也？淮南之奇，出於《離騷》；淮南之放，得於《莊》《列》；淮南之議論，錯於不韋之流。其精好者，又如《玉杯繁露》之書，是又非獨出於淮南。所謂蘇飛、李尚左、吴田、由雷、被毛、被伍、被大山、小山諸人，各以才智辯謀，出奇馳雋，所以其書駁然不壹。雖然，淮南一時所延，蓋又非止蘇飛之流也。當是時，孝武皇帝雋鋭好奇，蓋又有甚於淮南。《内篇》一陳，與帝心合，内少君，下王母，聘方士，搜蓬萊，神仙譎怪，日日作新，其有感於淮南所謂『崑崙增城，璇室懸圃，弱水流沙』者乎？武雖不仙，猶饗多壽，王何爲者，卒不克終。士之誤人，一至於此！然其文字殊多新特，士之厭常玩俗者，往往愛其書，況其推測物理，探索陰陽，大有卓然出人意表者。唯揚雄氏曰：『淮南説之用，不如太史公之用，太史公之用，聖人將有取焉，淮南鮮取焉耳。』悲夫！

賈誼新書

養氣之學，孟子一人而已。士之有所激而奮者，極天地古今之變動，山川草木之情狀，人物智愚賢否、是非邪正之銷長。有觸於吾心，有干於吾氣，慮遠而志善，事切而憂深。其言往往出於危激衰傷之餘，而其氣有不可遏者。舉天地、今古、山川、草木、人物盛衰之變，皆不足以敵之。嗚呼，此屈原、賈誼之所爲者乎！皮日休讀賈誼《新書》，嘆其心切，其憤深，其辭隱而麗，其藻傷而雅。唯蘇公軾以爲非才之難，所以自用者實難，惜乎賈生王者之佐，而不能自用其才，論亦奇矣。以余觀之，雖東坡亦不能自用其才，況賈生乎！又曰：『觀其過湘作賦以吊屈原，紆鬱憤悶，趯然有遠舉之志，其後卒以自傷哭泣，至於夭絶，是亦不善處窮者。夫謀之一不見用，安知終不復用？』嗚呼！此東坡以志量才識論誼者，非誼之所及也。是蓋《孟子》之所謂『持其志，無暴其氣者』耳，蘇公有之。

桓寬鹽鐵論

《鹽鐵論》者，漢始元六年公卿、賢良文學所與共議者也。漢制近古，莫古乎議，國有大事，詔公卿、列侯、二千石、博士、議郎雜議，是以廟祀議、伐匈奴議、捐朱厓議，而石渠論經亦有議，皆所謂詢謀僉同者也。初，武帝以師旅之餘，國用不足，縣官悉自賣鹽鐵、酤酒，海内虚耗，户口減半。帝務本抑末，不與天下争利，乃詔有司問郡國所舉賢良文學民所疾苦，議罷之。班氏一贊，專美乎此。顔師古曰：《元帝紀贊》，班彪所作。然觀一時論議，其所問對，非不伸异見，騁异辭，亦無有舉然大過人者。其曰：『行遠者因於車，濟海者因於舟，成名者因於資，則一時趣尚可乎矣。』又曰：『九層之臺傾，公輸子不能正；大朝一邪，伊望不能復。則一時事體可

知矣。』夫上有樂聞，下無隱議，得失明者其言達，利害決者其慮輕，不決一言，何取群議。審此，亦足以占士氣、觀國勢矣。然元帝詔書乃曰：『公卿大夫好惡不同，雅説空進而事亡成功。』此誠言也。天下後世，同此患也，吁！

王充論衡

《論衡》者，後漢治中王充所論著也，書八十五篇，二十餘萬言。其爲言皆叙天證，敷人事，析物類，道古今，大略如仲舒《玉杯繁露》。而其文詳，詳則理義莫能核而精，辭莫能肅而括，幾於蕪且雜矣。漢承滅學之後，文、景、武、宣以來，所以崇厲表章者，非一日之力矣。故學者嚮風承意，日趍於大雅多聞之習，凡所撰録，日益而歲有加，至後漢盛矣。往往規度如一律，體裁如一家，是足以雋美於一時，而不足以準的於來世。何則？事之鮮純，言之少擇也。劉向《新序》《説苑》奇矣，亦復少探索之工，闕詮定之密，其叙事有與史背者不一二。《書》尚爾，况他書乎？袁崧《後漢書》云：充作《論衡》，中土未有傳者，蔡邕入吴始見之，以爲《談助》。《談助》之言可以了此書矣。客有難充書繁重者，曰：『石多玉寡，寡者爲珍；龍少魚衆，少者爲神乎？』充曰：『文衆可以勝寡矣，人無一引吾百篇，人無一字吾萬言，爲可貴矣。』予所謂『乏精核而少肅括者』，正此謂歟？

太玄經注

宋衷　陸績

蔡文邵　虞翻

范望　章察《講疏》四十六卷，《發隱》三卷。

王　涯　又有《說文》一卷。　宋惟幹

林　瑀　又有《說文》一卷。　杜元潁

郭元亨　陳　漸

范諤昌　林　共　《圖》一卷。

王長文　《晉通玄》一卷。

太玄經

《易》可準乎？曰：難矣。何爲其難也？曰：天、地、人之理，混淪於未畫之前，二三聖人察天之微，窺地之奥，以神明夫人之用，文王因伏羲、孔子因羲文，而《易》道極矣。文王非捨伏羲、孔子非捨羲文而自爲之書也。《易》經三聖以經天地人之道，是道也，吉凶悔吝、消息盈虚，雖天地鬼神無所藏其藴，而匹夫匹婦可與知者也。揚雄氏欲以一人之力，而規三聖所成之功，是爲難乎。子雲豈不知此者，然則子雲亦有得於《易》之學而欲自神其用，其曰：『天以不見爲玄，地以不形爲玄，人以腹心爲玄。』此子雲之所以神者也。子雲之意，其疾莽而作者乎？哀平失道，莽輒亂常，子雲酌天時、行運盈、縮消長之數，推人事、進退、存亡、成敗之端，存之於玄：三方象三公，九州象九卿，二十七家象大夫，八十一部象元士。而玄者，君象也，總而治之，起牛宿之一度，終牛宿之二十二度，而成八十一首、七百二十九贊、二萬六千二百四十四策。明天人終始逆順之理，正君臣上下去就之分，順之者吉，逆之者凶，以爲違天咈人、賊君臣盗國之戒，子雲之意也。子雲敢以此準《易》言者，蓋以卦氣起於中孚，震、離、兑、坎分配四方，六十四卦，各主六日七分，以周一歲三百六十五日四分日之一。據此言之，窒矣。桓譚曰：『玄與大《易》

準。』班固曰：『經莫大乎《易》，故作《太玄》。』是知子雲者乎，不知子雲者乎？

新序、説苑

河間王大雅文獻，蔚然風流，崇經尚文，殫極禮樂，而所尚醇正，言議彬彬，何其雍容不群如此也！三代以下，一人而已，抑其時所遭者然歟？磐石之宗，莫可及之者。向以區區宗臣，老於文學，窮經之苦，崛出諸儒，炯炯丹心，在漢社稷，奏篇每上，無言不危。吁，亦非以其遭時遇主者如是歟？先秦古書甫脱燼劫，一入向筆，采擷不遺。至其正紀綱、迪教化、辨邪正、黜异端，以爲漢規監者，盡在此書，兹《説苑》《新序》之旨也。嗚呼，向誠忠矣，向之書誠切切矣。漢之政日益委靡而不振，迄終於大亂而後已。一杯水不足以救輿薪之火，此之謂歟？觀此，則向之抱忠懷誼，固有可憐者焉。視河間之雅正不迫，亦一時歟？

抱朴子

自《陰符》一鑿而天地之幾盡洩，《玄經》一吐而陰陽之妙益空，所謂道者非他，祗天地之奥、陰陽之神而已。神而明之，可以贊化育經範圍，可以治國平天下，可以修身養性而致長年，可以清净輕虚而與之俱化。予自少惑於方外之説，凡丹經卦義、秘笈幽篇，以至吐納之香、餐鍊之粹，沉潛啓策，幾數百家，靡不竭其精而賾其隱，破其鋌而造乎中。猶未以爲得也，於是弃去，日攻《易》，日讀《繫辭》，所謂天地之幾，陰陽之妙，相與橐籥之、甄治之，而吾之道盡在是矣。所謂吾之道者，非他道也，吾自得之道矣。及間觀稚川、弘景諸人所録及《内》《外》篇，則往往皆糟粕而筌蹄矣。今輒書此以斷《内》《外》篇，則吾之道亦幾於鑿且吐

矣。後之悟者，必有會於吾言。

文中子

道始於伏羲，終於孔子，孔子以來二千餘年矣，孟軻氏、揚雄氏、王通氏、韓愈氏，皆祖述孔子而師尊之，若通拳拳於六經之學，自孟子而下未有也。續《書》以考漢晉之事，續《詩》以觀六代之俗，修《元經》以斷南北之疑，《易》止於贊，禮樂止於論。嗚呼！通之用心，足以知聖人矣。世率以是疵王氏，是殆未知其所以知聖人者乎？善乎，日休皮氏之言曰：『《禮》之篇二十有五，《詩》之篇三百六十，《玄經》之篇三十一，《易》之篇七十。』孟子能踵孔子而贊其道，夐乎千世，可繼孟子者，通也。按杜執禮所作《文中子世家》，又有《樂論》三十篇、《讀書》一百五十篇、《玄經》凡五十篇。蓋受《書》於東海李育，學《詩》於會

稽夏琠，問禮於河東關子明，正樂於北平霍汲，考樂於族父仲華，聖人之大旨，天下之能事，至是畢矣。陸龜蒙序之，謂之『王氏六經』。嗚呼！蓋自孟子歷兩漢數百年而僅稱揚雄，歷六朝數百年而僅稱王通，歷唐三百年而唯一韓愈，六經之學，其著於世者若此已是匪難乎？异時房衛諸公共恢文武，以濟貞觀之盛，亦天命也。此蓋出於司空表聖之言，其尚知道乎？

元子

元子曰：『人之毒於鄉，毒於國，毒於鳥獸草木，不如毒其形，毒其命。人之媚於時，媚於君，媚於朋友郡縣，不如媚於厩，媚於室。人之貪於權，貪於位，貪於取求聚積，不如貪於道，貪於閑靜。人之忍於毒，忍於媚，忍於詐惑貪溺，不如忍於貧苦，忍於弃廢。』英哉斯言。次山平

生辭章奇古峻絶，不蹈襲古今，其觀柳柳州，抑文英崛，唐代文人惟二公而已。猶有一説，頌者，所以美盛德之形容也，如江漢諸詩所以寫宣王中興之美者，皆系之雅。唐既中興，而磨崖一碑，乃以頌稱漫郎，豈不能致思乎此耶？初，結居商餘山著書，其序謂『天寶九年庚寅至十二年癸巳，一萬六千五百九十五言，分十卷』，是蓋有意存焉。卷首有《元氏家録》，紀其世次。

皮子隱書

皮日休《隱書》六十篇，有曰：『古之用賢也爲國，今之用賢也爲家。』又曰：『古之官人也以天下爲己累，故己憂之；今之官人也以己爲天下累，故人憂之。』又曰：『古之隱也志在其中，今之隱也爵在其中。』又曰：『古之決獄得民情也哀，今之決獄得民情也喜。古之殺人也怒，今之殺人也笑。』嗚呼，斯言也，痛快哉！

文華叢書

《文華叢書》是廣陵書社歷時多年精心打造的一套綫裝小型開本國學經典。選目均爲中國傳統文化之經典著作，如《唐詩三百首》《宋詞三百首》《古文觀止》《四書章句》《六祖壇經》《山海經》《天工開物》《歷代家訓》《納蘭詞》《紅樓夢詩詞聯賦》等，均爲家喻户曉、百讀不厭的名作。裝幀採用中國傳統的宣紙、綫裝形式，古色古香，樸素典雅，富有民族特色和文化品位。精選底本，精心編校，字體秀麗，版式疏朗，價格適中。經典名著與古典裝幀珠聯璧合，相得益彰，贏得了越來越多讀者的喜愛。現附列書目，以便讀者諸君選購。

文華叢書

書目

一

文華叢書書目

文華叢書

（*爲即將出版書目）